Tofu
Cozinha Light

Receitas fáceis e práticas

Ao meu pai, que sempre insistiu na perfeição.
À memória de minha mãe, que sempre se fez presente quando precisei de ajuda e me dedicou um amor incomensurável.

ESCRITÓRIOS REPRESENTANTES
EUA: Prime Communication System
    PO Box 456 Shaw Island, WA 98286
ESCRITÓRIOS REPRESENTATIVOS DO AUTOR A.K. HARANO COMPANY
    PO Box 1022 Edmonds, WA 98020
    telefone (206) 774 5490
    D&BH ENTERPRISES
    94-443 Kahuanani Street. Waipahu, HI 96797
    telefone (808) 671 6041

REPRESENTANTE PARA DISTRIBUIÇÃO
    BRASIL: Editora JBC
        Rua Loefgreen, 1.291, 7º andar
        Vila Mariana - São Paulo, SP. CEP 04040-031
        tel: (0xx11) 5574-0045 fax: (0xx11) 5549-0319

DISTRIBUIDORES INTERNACIONAIS
EUA	JP TRADING, INC.
	300 Industrial Way
	Brisbane, California - 94005
	Telefone (405) 468 0775, 0776
BRASIL	Editora JBC
MEXICO	Publicationes Sayrols, S.A. de C.V.
COLOMBIA	Jorge E. Morales e CIA. LTDA.
AUSTRALIA	BOOKWISE INTERNATIONAL
TAIWAN	Formosan Magazine Press, Ltd.
HONG KONG	Apollo Book Company
TAILÂNDIA	Central Department Store Ltd.
SINGAPURA	MPH DISTRIBUTORS (S) PTE, LTD.
MALÁSIA	MPH DISTRIBUTORS SDN, BHD.
FILIPINAS	National Book Store, Inc.
CORÉIA	Togjin Chulpan Muyeok Co., Ltd.
INDONESIA	CV TOKO BUKU "MENTENG"
INDIA	Dani Book Land, Bombay 14
GUAM, SIPAN E MICRONÉSIA ISLAND PLANT-LIFE PRODUCTS	
CANADÁ	MILESTONE PUBLICATIONS
EUA	MASA T.& ASSOCIATES

Do original em inglês "Quicky & Easy - Tofu Cookbook"
Tradução para o português: Editora JBC
Primeira edição em inglês: 1982
10ª. edição: setembro de 1995
Copyright sobre os originais (c) Yukiko Moriyama
Direitos mundiais reservados.
Publicado por JOIE, INC. 1-8-3. Hirakawa-cho, Chiyoda-ku, Tokyo 102 JAPAN
Impresso no Brasil.

Nenhuma parte ou trecho deste livro pode ser reproduzido sob nenhuma forma ou meio que inclua sistemas de reprodução eletrônica sem a prévia autorização escrita do autor ou da editora.

PREFÁCIO

Uma pergunta frequentemente feita pelos meus amigos e outras pessoas no meu dia-a-dia é o porquê de praticamente não existirem pessoas obesas ou acima do peso no Japão, China e países do Sudeste Asiático.

Os produtos derivados dos grãos de soja têm sido nossa principal fonte de proteína nas refeições vegetarianas durante séculos. Talvez essa possa ser uma resposta à pergunta. Hoje, os grãos da soja são reconhecidos, não só no Japão ou na China, mas também em muitos outros lugares do mundo, pelos seus excelentes valores nutricionais de baixo custo.

O tofu, ou coalhada prensada de soja, é conhecido na China, e consequentemente no Japão e Sudeste Asiático, há pelo menos 2.000 anos.

O tofu é feito de grãos de soja e sua composição conta com 59% de proteína e 25% de gordura. O tofu é usualmente classificado como um queijo no Oriente. Cada país desenvolveu uma técnica única de produzir e cozinhar o tofu. Foi descoberto que ele tem o grande potencial de melhorar o teor nutricional de nossa ingestão diária de alimentos.

A confecção deste livro foi inspirada nas pessoas que expressaram seu interesse na culinária oriental.

Será um grande prazer dividir com vocês a culinária do tofu combinada com a cozinha ocidental, resguardando sempre que possível seu sabor mais autêntico. E meu desejo vai mais além, ao esperar que as pessoas preocupadas em obter uma alimentação saudável possam também tirar proveito desse livro, assim como enriquecer seu paladar na culinária oriental.

Tóquio, Japão

Yukiko Moriyama

AGRADECIMENTOS

Sinceros agradecimentos aos seguintes, pela preparação de "Tofu, Cozinha Light — Receitas Fáceis e Práticas":
Fotografia: Jiro Takai
Sugestões Editoriais: Akira Naito & Saeko Mano
Ilustrações: Michiko Hayashi
Suporte de cozinha: Shizuka Tamaru & Yuko Kato
E agradecimentos particularmente especiais ao meu editor, Shiro Shimura, cujo encorajamento, fé e apoio estiveram comigo desde o início e por suas sugestões construtivas que fizeram deste um livro melhor.
Finalmente, agradeço ao meu marido Harry: espero que sua paixão pela culinária oriental jamais se apague.

INTRODUÇÃO

O tofu, na consistência de coalhada firme, é atualmente preparado diariamente em muitas lojas nos Estados Unidos e vendido na seção refrigerada da maioria dos supermercados, lojas de produtos naturais e lojas de produtos orientais. O seu tamanho varia entre 300 e 450g. A coalhada do leite de soja é utilizada no preparo do tofu. É ela que dá o sabor delicado e a leve consistência de pudim. O tofu é de fácil digestão para qualquer pessoa. Estudos recentes sobre a porcentagem de digestão das proteínas da soja foram feitos pelo Conselho Japonês de Pesquisas Científicas. Foi descoberto que grãos de soja cozidos e grãos de soja fermentados (natto, em japonês) são 90% digeríveis e o tofu, o leite de soja, a proteína da soja em pó e outros alimentos derivados da soja processada são 95% digeríveis. Os grãos de soja contêm proteína, ácido linóico, lecitina, vitaminas E e B, cálcio e outros nutrientes essenciais. É sabido que o ácido linóico e a lecitina da soja ajudam a eliminar o colesterol e os ácidos graxos da corrente sanguínea. O tofu contém pouca quantidade de gorduras saturadas e carboidratos, possui baixas calorias e é totalmente isento de colesterol. Por causa dessas características o tofu é um alimento dietético ideal. Um bloco de 225g de tofu contém 157 calorias e o tofu do tipo kinu, com textura de seda, contém ainda menos calorias.

Um pequeno pedaço de tofu satisfaz aquela fome inesperada. Esse livro providencia uma aproximação simples e fácil à culinária do tofu e ajuda você a conhecer sua textura e sabor. As receitas foram adaptadas ao paladar ocidental, resguardando, porém, sua tradição e autenticidade. Você não precisa de equipamentos especiais para começar sua aventura no preparo do tofu. Entretanto, eu recomendaria o uso de alguns utensílios especiais como uma panela wok para um cozimento fácil (veja página 55). Alguns ingredientes especiais estão disponíveis na maioria das casas especializadas em produtos orientais, algumas casas de produtos naturais e supermercados. Todas as receitas que aparecem neste livro utilizam tofu fresco, que atualmente é facilmente encontrado nas lojas de alimentos. O tofu é incrivelmente versátil. Sinta-se à vontade para ousar nas criações e aproveite o maravilhoso mundo da culinária do tofu.

DICAS DE PREPARO

TOFU — O melhor é utilizar o tofu fresco, até 24 horas depois dele ter sido preparado. Caso não venha a ser todo utilizado, escorra a água da embalagem, adicione água gelada e cubra com filme plástico. Ou então coloque o tofu num recipiente de fundo reto, cubra com água e tampe. Mantenha o tofu no fundo da geladeira. O tofu pode ser mantido fresco por 3 a 4 dias. Para conservá-lo além disso, é recomendável fervê-lo em água salgada por 2 ou 3 minutos. Não congele o tofu porque sua consistência será alterada. Entretanto, caso você prefira uma consistência mais firme, experimente o seguinte: 1. Escorra a água da embalagem. 2. Embrulhe o tofu em filme plástico. 3. Mantenha-o no freezer. 4. A cor vai se tornar levemente amarelada. Desse modo, o tofu pode ser guardado indefinidamente. Antes de utilizar, mergulhe em água, remova o filme plástico e lave bem. O tofu congelado tem uma textura macia de carne e produz pratos excelentes, acompanhado de vegetais e ovos. Não cozinhe demais o tofu fresco. Sempre coloque o tofu por último durante o processo de cozimento. Para um melhor cozimento, escorra antes a água do tofu. Isso lhe dará um sabor mais rico e acentuado. Mantenha o tofu no refrigerador por duas horas ou de um dia para o outro. Para resultados mais rápidos, veja a ilustração na página 19.

VEGETAIS — Bok Choy é também conhecido como almeirão. O repolho chinês é chamado de acelga no Brasil. Daikon é o nabo japonês, mais longo que o nabo tradicional. Retire a pele e utilize-o ralado. A raiz do gengibre é nativa da China e da Índia, mas atualmente pode ser encontrada em qualquer parte do mundo. Não retire a pele antes de ralar ou fatiar. É a pele que lhe concede um especial sabor picante. Castanhas podem ser usadas em saladas e outros pratos sem que sejam cozidas. Os cogumelos secos pretos ou amarelados chamados em japonês de shiitake têm sabor distinto e textura delicada. Hidrate com água antes de utilizá-los e use esta água em que foram hidratados em sopas e outros preparados. Brotos de feijão podem ser cultivados na sua cozinha e estarão prontos para serem utilizados no prazo de uma semana. Wasabi é um condimento verde conhecido como raiz-forte, usado como tempero no sashimi (prato à base de peixe cru fatiado), no sushi (peixe cru acompanhado de arroz) e alguns pratos à base de tofu. O pó de wasabi é encontrado à venda em latas. Misture-o com um pouco de água para que se transforme em pasta.

INGREDIENTES ORIENTAIS — O verdadeiro caldo de peixe na culinária oriental é feito a partir de flocos secos de bonito ou de pequenos peixes secos. Caldos instantâneos de carne, peixe ou legumes podem ser os melhores substitutos ao caldo de peixe. Mirin é um tipo de saquê adocicado, utilizado unicamente para fins culinários. Sherry (aguardente de cereja) fervido com açúcar é um bom substituto para o mirin. Misso é a pasta de soja fermentada, usada como condimento na culinária japonesa e chinesa. Para a sopa de misso, o misoshiro, dissolva o misso em uma pequena quantidade de caldo ou água e só então acrescente-o à sopa. O vinagre de arroz é mais suave que o vinagre de vinho branco e possui um aroma adocicado. O vinagre de maçã é seu melhor substituto. Saquê é o vinho de arroz tipicamente japonês. Tem sabor e aroma suaves e é frequentemente usado na culinária japonesa para acentuar o sabor delicado dos alimentos. Vinho branco ou Sherry são bons substitutos. O óleo de gergelim é muito utilizado na culinária chinesa, assim como na japonesa. O óleo importado do Japão, Hong Kong ou Taiwan possui aroma e sabor maravilhosos. O óleo nacional tem um sabor de alguma forma um pouco diferente. Experimente antes comprando uma embalagem pequena, para saber se você se acostuma com o sabor. Para conservar seu aroma e sabor, adicione-o somente ao final do cozimento. As sementes de gergelim têm uma fragrância delicada e sabor mais acentuado depois de torradas (veja na página 84). O molho de soja ou shoyu, é feito da soja fermentada e tem sido utilizado como o mais importante condimento na cozinha japonesa por centenas de anos, assim como sal e pimenta no Ocidente. O molho de soja chinês é um pouco mais salgado que o japonês, utilizado em todas as receitas deste livro. O glutamato monossódico, também conhecido por Ajinomoto, é de uso opcional. Eu o retirei de todas as receitas desse livro. Alguns estudos têm sido feitos para determinar se o seu uso excessivo causa ou não desconforto físico em algumas pessoas.

REFOGADOS E FRITURAS POR IMERSÃO — Hoje em dia, refogar é a técnica mais utilizada no Ocidente para cozinhar carnes e vegetais. A panela wok é o utensílio ideal para essa técnica (veja a página 55). Use uma pequena quantidade de óleo na wok e mexa os alimentos de um lado a outro rapidamente sob fogo alto. Utilize uma espátula larga e de cabo longo para mexer os alimentos enquanto cozinham. Executando esse processo, os vegetais ficarão macios e manterão sua cor e uma menor quantidade de vitaminas será desperdiçada durante o cozimento. As carnes se tornam mais suculentas, pois a alta temperatura faz com que preservem seu suco natural. Para obter melhores resultados, os ingredientes já devem estar preparados e dispostos em ordem antes de começar o cozimento. Os três elementos seguintes são essenciais para uma bem-sucedida fritura por imersão: 1. Uma frigideira apropriada: fritadeiras elétricas, uma frigideira funda e grossa, uma panela wok ou uma panela própria para fondue são as mais indicadas. A panela wok não só é a mais indicada para refogar, mas também para a fritura por imersão por causa das suas laterais altas e inclinadas, que facilitam a colocação dos ingredientes e diminuem os riscos de respingos. O seu fundo arredondado faz com que menos óleo seja utilizado para que se consiga a profundidade ideal para a fritura (de 4 a 8 cm). 2. Óleo: O óleo vegetal fresco é o que produz melhores resultados. O óleo já utilizado previamente e coado pode ser reutilizado em frituras por imersão e refogados e todo o óleo que sobrar da fritura deve ser coado e guardado, tampado, em local fresco. Em frituras por imersão, utilize uma parte de óleo reaproveitado para duas de óleo fresco. 3. Temperatura: A temperatura apropriada é entre 350 e 360 graus centígrados. Utilize um termômetro culinário para manter a temperatura desejada. Se o óleo estiver quente demais, a parte exterior do alimento vai escurecer antes que o seu interior já esteja cozido e se o óleo estiver frio, o alimento se torna gorduroso e perde a crocância. Frite o alimento em pequenas porções e mantenha o óleo livre de resíduos durante a fritura, removendo-os com uma escumadeira.

SUMÁRIO

Prefácio _____ 3
Agradecimentos _____ 4
Introdução _____ 5
Dicas de Preparo _____ 6

QUEIJOS
Cassarola de Queijo _____ 10
Sanduíche de Queijo Grelhado _____ 12
Tofu à Italiana _____ 14
Lasanha _____ 15

OVOS
Omelete de Tofu _____ 16
Ovo Pochê _____ 17
Ovos Mexidos _____ 18
Croquetes Festivos de Ovo _____ 20

SOMENTE TOFU
Tempura de Tofu _____ 22
Tofu Teriyaki _____ 23
Tofu à Japonesa _____ 24
Cassarola de Tofu _____ 25
Tofu à Chinesa (I) _____ 26
Tofu à Chinesa (II) _____ 27

CARNE
Hambúrguer de Tofu _____ 28
Tofu com Molho de Carne _____ 30
Bolo de Carne e Tofu _____ 32
Tofu Recheado _____ 34
Sukiyaki de Carne _____ 36
Tofu à Moda Chinesa com Molho de Pimenta Vermelha _____ 38
Carne de Porco Sautée _____ 40
Frango Oriental _____ 42
Presunto Agridoce com Abacaxi _____ 44

FRUTOS DO MAR
Caranguejo com Tofu _____ 46
Vieiras com Tofu _____ 48
Camarão seco com Espinafre _____ 50
Camarão com Tofu _____ 51
Tofu com Salmão em lata _____ 52
Tofu com Ostras _____ 54
Sukiyaki de Mariscos _____ 56

Molho de Mariscos para Spaghetti _____ 58
Tofu com Vermelho _____ 60

VEGETAIS
Tofu Chop Suey _____ 62
Tofu com Seleta de Legumes Congelada 64
Rolinhos de Acelga Recheados _____ 66
Quiche de Legumes _____ 68
Wonton de Legumes _____ 70
Cogumelos ao Molho de Ostras _____ 72
Brotos de Feijão com Tofu _____ 73
Fígado acebolado com Tofu _____ 74
Batatas assadas com Molho de Tofu ___ 76

SALADAS
Molho Cremoso para Saladas _____ 77
Salada de Maçã _____ 78
Salada de Abacate _____ 79
Salada de Frutas _____ 80
Salada de Brotos de Feijão _____ 81
Salada de Tofu ao Curry _____ 82
Salada de Mariscos _____ 84
Salada de Atum _____ 85

SOPAS
Caldo Transparente _____ 86
Sopa de Misso _____ 87
Sopa em Lata com Tofu _____ 88
Sopa de Macarrão Instantâneo _____ 89
Sopa de Acelga _____ 90
Sopa de Wonton com Leite de Soja ___ 91
Sopa Creme de Milho com Leite de Soja 92
Sopa de Peixe com Tofu _____ 93
Sopa de Carne de Porco _____ 94
Cozido de Tofu com Carne _____ 96

SOBREMESAS
Sobremesa de Banana e Cereal _____ 98
Pudim Instantâneo _____ 99
Coquetel de Frutas com Tofu _____ 100
Sobremesa de Morangos _____ 101
Milk-shake Cremoso de Abacaxi _____ 102
TABELA DE MEDIDAS _____ 103
ÍNDICE _____ 104

Tofu
Cozinha Light

Receitas fáceis e práticas

CASSAROLA DE QUEIJO

314 KCAL

A combinação do queijo cheddar e do tofu produz um excelente prato principal. Sirva com salada de legumes.

INGREDIENTES

4 PORÇÕES

300g de tofu bem escorrido (veja pág. 19)

1 xícara de molho de tomate

120g de queijo cheddar em fatias (ou l xícara de queijo cheddar ralado)

2/3 de xícara de migalhas de pão fresco

1 colher de sopa de manteiga ou margarina

2 colheres de sopa de leite

sal e pimenta a gosto

QUEIJO

1. Seque levemente o tofu com papel absorvente, para remover o excesso de água; corte-o em 8 fatias de 2cm de espessura cada.

2. Unte levemente um refratário retangular com a manteiga ou a margarina. Arrume as fatias de tofu e regue com o leite.

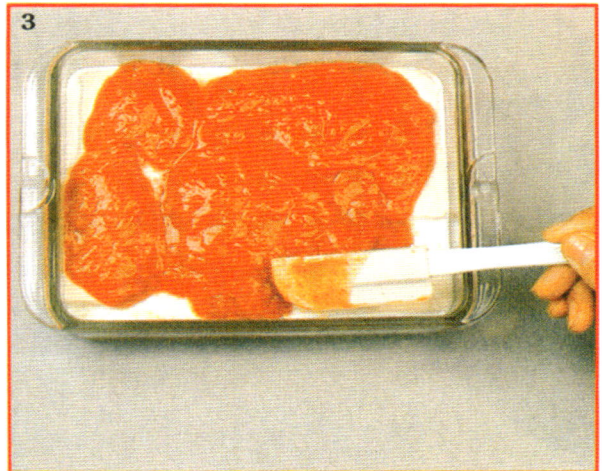

3. Espalhe o molho de tomate por cima do tofu.

4. Arrume as fatias de queijo por cima do molho.

5. Espalhe as migalhas de pão por cima do queijo.

6. Asse sem cobrir em forno alto (350°) por 20 minutos, até que o queijo derreta. Deixe descansar por 10 minutos antes de servir.

QUEIJO

SANDUÍCHE DE QUEIJO GRELHADO — 307 KCAL

Sirva com um copo de leite ou suco de frutas no seu lanche.

INGREDIENTES

2 PORÇÕES

300g de tofu apertado e bem escorrido
2 colheres de sopa de farinha de trigo
4 fatias de queijo cheddar
1 colher de sopa de manteiga ou margarina
ketchup, mostarda e salsinha a gosto

QUEIJO

1. Corte o tofu em 8 fatias de aproximadamente 2cm de espessura.

2. Passe o tofu pela farinha de trigo, cobrindo os dois lados. Derreta a manteiga ou margarina em uma frigideira média em fogo médio. Adicione as fatias de tofu. Refogue-o até que esteja levemente dourado. Vire as fatias para que dourem dos dois lados.

3. Dobre as fatias de cheddar ao meio e disponha-as sobre 4 das fatias de tofu. Cubra as fatias de queijo com as fatias restantes de tofu. Deixe cozinhar até que doure ou que o queijo derreta. Sirva com ketchup.

VARIAÇÃO
Sanduíche Aberto de Tofu

1. Arrume o tofu fatiado sobre uma assadeira untada.
2. Disponha o queijo cheddar por cima das fatias de tofu.
3. Leve ao forno quente até que o queijo derreta.
4. Sirva sobre torradas de pão integral.

TOFU À ITALIANA   259 KCAL   QUEIJO

Sirva quente com vários acompanhamentos: ketchup, mostarda, fatias de limão, maionese, nabo ralado (daikon) e molho de sementes de gergelim.

INGREDIENTES

4 PORÇÕES

600g de tofu bem escorrido,

1/2 xícara de queijo parmesão ralado, 2 ovos levemente batidos, 2 colheres de sopa de amido de milho ou maisena, 1 1/2 colheres de sopa de manteiga ou margarina, 2 colheres de sopa de molho de soja e 1 colher de sopa de gengibre ralado

MOLHO DE GERGELIM
1/2 colher de sopa de mostarda em pó dissolvida em 1/2 colher de sopa de água, 1 colher de chá de mirin, saquê ou vinho branco, 3 colheres de sopa de molho de soja, 1 colher de sopa de sementes de gergelim torradas (veja pág. 84). Misture bem todos os ingredientes.

1. Seque levemente o tofu com papel absorvente. Fatie em 8 pedaços. Deixe-o de molho no molho de soja misturado ao gengibre ralado por 3 a 5 minutos.

2. Passe as fatias pela maisena e depois pelo ovo batido misturado ao queijo parmesão ralado.

3. Frite as fatias dos dois lados na manteiga ou margarina, até que fiquem douradas. Sirva quente, com os condimentos de sua preferência.

LASANHA 560 KCAL QUEIJO

Um prato tipicamente italiano ganha um novo sabor com o tofu.

INGREDIENTES

4 PORÇÕES

300g de tofu escorrido,

1 xícara de molho de tomate com carne moída,

2 xícaras de queijo mussarela ralado em ralo grosso, 1/2 xícara de queijo parmesão ralado, 1 colher de sopa de salsinha picada, 150g de massa para lasanha, 2 ovos, 1 pitada de sal e pimenta, 1 pitada de noz moscada, 2 colheres de sopa de leite

1. Amasse o tofu e misture-o aos ovos batidos e aos últimos três ingredientes, até obter uma mistura homogênea.

2. Adicione o molho de tomate, a salsinha picada e 1 xícara de mussarela picada. Cozinhe a massa de lasanha conforme as indicações da embalagem.

Espalhe 1/3 da mistura de tofu no fundo de um refratário retangular não untado e por cima dela metade da massa de lasanha cozida. Espalhe metade do restante da mistura de tofu e da mussarela restante, cobrindo de novo com a massa restante. Cubra com o restante da mistura de tofu, espalhe por cima a mussarela restante e polvilhe com o queijo parmesão. Leve ao forno quente (350°) por 25-35 minutos ou até que o queijo borbulhe. Deixe descansar por 10min antes de fatiar e servir.

OMELETE DE TOFU 330 KCAL OVO

Comece seu dia com uma refeição rica em proteínas. Para seu café da manhã, sirva com torradas de pão integral.

INGREDIENTES

1 PORÇÃO

75g de tofu bem escorrido (veja pág. 19)
2 ovos batidos
1 fatia de queijo ou 2 colheres de sopa de queijo ralado
1 colher de sopa de manteiga ou margarina
1 pitada de sal e pimenta

1. Amasse o tofu com o sal e a pimenta. Derreta a manteiga ou margarina numa frigideira.

2. Derrame os ovos batidos na frigideira, virando-a de um lado a outro até que os ovos cubram todo seu fundo.

3. Espalhe o queijo e por cima dele o tofu amassado. Cozinhe em fogo brando até que o queijo derreta. Dobre ao meio.

OVO POCHÊ

358 KCAL **OVO**

Tempere com molho de soja ou sal e pimenta. Adicione-o ao seu menu de café da manhã.

INGREDIENTES

1 PORÇÃO

300g de tofu bem escorrido
1 gema de ovo

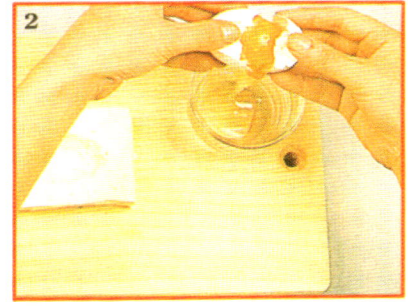

1. Cave um buraco no centro do tofu, retirando um pedaço de aproximadamente 1 1/2 colher de sopa.

2. Quebre o ovo e separe a gema da clara com cuidado.

3. Coloque a gema no buraco cavado dentro do tofu. Cozinhe-o em 1/2 xícara de água numa frigideira tampada.

OVOS MEXIDOS

272 KCAL

Sirva com legumes cozidos e sopa.

INGREDIENTES

1 A 2 PORÇÕES

300g de tofu bem escorrido
2 ovos levemente batidos
1/2 colher de chá de açúcar
2 colheres de sopa de molho de soja
1 colher de chá de saquê ou vinho branco
1/2 colher de chá de óleo de gergelim
1 colher de chá de salsinha picada
1 colher de sopa de óleo
1 pitada de pimenta

OVO

1. Esmigalhe o tofu com um garfo. Misture-o à salsinha picada.

2. Quebre os ovos numa tigela e bata-os bem.

3. Aqueça o óleo na frigideira. Adicione o tofu esmigalhado e cozinhe em fogo brando. Tempere com o saquê, o açúcar, o molho de soja e uma pitada de pimenta.

4. Mexa sem parar por aproximadamente 5 minutos ou até que a mistura fique quase fofa. Adicione os ovos batidos e o óleo de gergelim.

5. Transfira a mistura para uma tigela redonda, apertando-a com uma colher ou espátula para que adquira forma. Vire sobre um prato raso, decore com salsinha e sirva.

Método de secagem
Para resultados mais rápidos, disponha o tofu em uma tábua de corte, por cima de várias camadas de papel absorvente. Cubra com um vasilhame pesado, cheio de água. Troque o papel absorvente com frequência.

CROQUETES FESTIVOS DE OVO — 237 KCAL

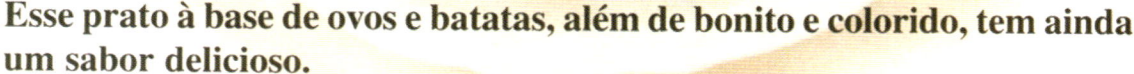

Esse prato à base de ovos e batatas, além de bonito e colorido, tem ainda um sabor delicioso.

INGREDIENTES

6 A 8 PORÇÕES

150g de tofu bem escorrido
6 ovos grandes cozidos
3 colheres de sopa de maionese
1 colher de chá de curry em pó
1 colher de sopa de presunto bem picado
1 colher de sopa de salsinha picada
3 a 4 xícaras de purê de batatas ou batatas cozidas amassadas
1/4 xícara de farinha de trigo
1 1/2 xícara de migalhas de pão seco ou farinha de rosca
1 ovo batido
sal e pimenta a gosto

OVO

1. Esmigalhe o tofu e misture bem com 1 colher de sopa de maionese, até que fique homogêneo.

2. Corte os ovos cozidos ao meio, no sentido do comprimento.

3. Retire as gemas dos ovos cozidos e adicione-as ao tofu.

4. Misture o tofu e as gemas.

5. Tempere com sal e pimenta e misture bem.

6. Divida a mistura de tofu em 3 partes iguais.

7. Misture uma das partes ao curry em pó, outra à salsinha picada e a terceira ao presunto picado.

8. Recheie os ovos com as misturas, juntando as metades para que retomem seu formato original.

9. Cubra cada ovo com purê de batatas.

10. Dê-lhes um formato arredondado.

11. Passe cada croquete pela farinha de trigo, pelo ovo batido e depois pelas migalhas de pão.

12. Numa panela wok, aqueça o óleo até a temperatura de 360°. Frite os ovos até que fiquem dourados. Deixe escorrer em papel absorvente. Corte ao meio e sirva.

TEMPURA DE TOFU   281 KCAL   TOFU

Tempuras de legumes variados como cenouras e batatas podem ser servidos com o tempura de tofu.

INGREDIENTES

4 PORÇÕES

600g de tofu bem escorrido (veja pág. 19)
1 ovo batido
1 xícara de água gelada
1 1/3 xícaras de farinha de trigo
1/2 colher de chá de sal (opcional)
4 folhas frescas de espinafre picadas
óleo vegetal para fritar

MOLHO TEMPURA

1 xícara de caldo de galinha
1/4 de xícara de molho de soja
1/4 de xícara de mirin*, saquê* ou vinho misturado a 1 colher de chá de açúcar

Misture todos os ingredientes e leve ao fogo até ferver. Sirva em tigelas individuais.

ACOMPANHAMENTOS

nabo japonês ralado (daikon)
gengibre ralado
gergelim torrado
cebolinha verde picada
fatias de limão
sal e pimenta

*disponíveis em lojas de produtos orientais, grandes supermercados e casas de produtos naturais.

1. Seque o tofu com papel absorvente e corte-o ao meio. Corte-o de novo, para obter 4 triângulos iguais. Passe cada um dos pedaços pela farinha de trigo. Reserve. Misture o ovo batido, a água, a farinha, o sal, o espinafre até que a farinha se dissolva. Mexa, sem bater, até que fique um pouco pegajoso.

2. Aqueça de 2 a 3 cm de óleo numa panela wok ou frigideira funda até que atinja 350°. Passe os pedaços de tofu pela mistura de ovos usando as mãos, palitos ou uma colher. Escorra o excesso de massa. Frite poucos pedaços de cada vez, por 2 ou 3 minutos ou até que fiquem levemente dourados, virando-os uma vez. Retire o tofu do óleo com uma escumadeira de metal e deixe escorrer o excesso de óleo. Transfira o tofu para o prato de servir. Sirva acompanhado do Molho Tempura e acompanhamentos escolhidos de acordo com a sua preferência.

TOFU TERIYAKI 210 KCAL TOFU

SOMENTE TOFU

Sirva com frango assado ou com torradas como aperitivo num coquetel.

INGREDIENTES

2 PORÇÕES

300g de tofu bem escorrido e prensado

Molho teriyaki: misture 2 colheres de sopa de molho de soja com 2 colheres de sopa de mirin*, saquê* ou vinho branco

1 colher de sopa de óleo

*veja pág. 22

1. Corte o tofu em 8 fatias de aproximadamente 2 cm de espessura Arrume-as numa assadeira, derrame o molho teriyaki por cima e deixe marinar por 15 minutos.

2. Esquente o óleo numa frigideira, adicione o tofu e frite dos dois lados até que estejam levemente dourados. Retire do fogo e sirva quente.

TOFU À JAPONESA

246 KCAL — TOFU

O tofu com textura de seda é muito utilizado no Japão

1 PORÇÃO

Ingredientes
300g gramas de tofu gelado
1 colher de chá de cebolinha verde picada
1 colher de chá de gengibre ralado
1/2 colher de chá de nabo japonês (daikon) ralado
1 1/2 colheres de chá de molho de soja

VARIAÇÃO
300g de tofu gelado
1 tomate em fatias
1 pepino japonês ou 1 abobrinha média

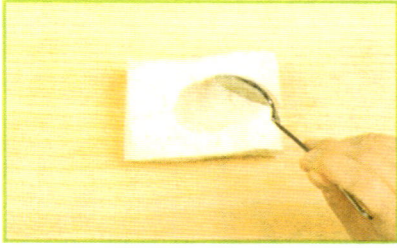

Faça uma cavidade no tofu, retirando aproximadamente 1 1/2 colheres de sopa do centro do tofu gelado. Coloque-o em um prato pequeno, individual. Arrume os outros ingredientes na cavidade feita e regue com o molho de soja antes de comer.

VARIAÇÃO
Sirva acompanhado de molho de soja e os seguintes acompanhamentos e condimentos, selecionados de acordo com sua preferência: cebolinha verde picada, nabo japonês (daikon) ralado, sementes de gergelim torradas, gengibre ralado e flocos secos de bonito. Corte o tofu conforme mostra a foto. Corte o pepino ou abobrinha em fatias bem finas e fatie o tomate. Arrume o tofu, o tomate e o pepino em uma saladeira ou prato raso. Sirva o molho de soja em tigelas individuais.

CASSAROLA DE TOFU — 242 KCAL — TOFU

Frutos do mar ou vegetais podem ser adicionados a esta cassarola.

2 PORÇÕES

INGREDIENTES
600g de tofu
3 xícaras de caldo de galinha

MOLHO
4 colheres de sopa de molho de soja, 2 colheres de sopa de mirin, saquê ou vinho branco suave, 2 colheres de sopa de caldo de galinha ou água. Misture todos os ingredientes e leve para ferver. Despeje em tigelas individuais.

ACOMPANHAMENTOS
gengibre ralado, nabo japonês ralado e cebolinha verde picada

Aqueça o caldo de galinha num vasilhame refratário. Corte o tofu em cubos e adicione ao caldo. Depois que o tofu flutuar e absorver algum caldo, retire do refratário, passe-o pelo molho e guarneça dos acompanhamentos de sua preferência. Este prato pode ser mantido quente em uma panela elétrica ou réchaud.

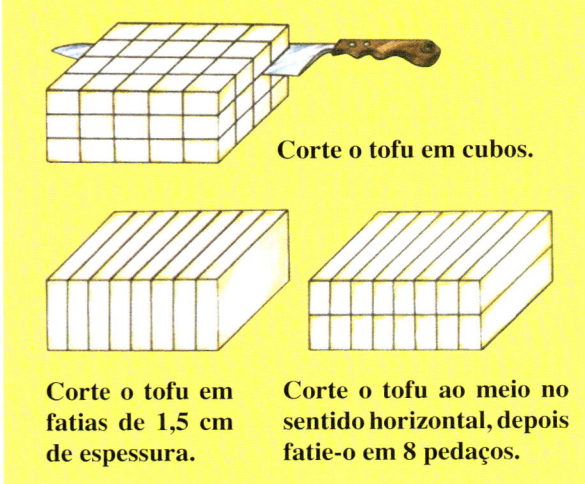

Corte o tofu em cubos.

Corte o tofu em fatias de 1,5 cm de espessura.

Corte o tofu ao meio no sentido horizontal, depois fatie-o em 8 pedaços.

TOFU À CHINESA (I) 142 KCAL TOFU

SOMENTE TOFU

Tofu fresco gelado com picles chineses serve como um aperitivo refrescante ou um bom acompanhamento.

INGREDIENTES

2 PORÇÕES

300g de tofu bem escorrido

1/2 colher de sopa de picles chineses* bem picados

1 colher de sopa de cebolinha verde picada bem fina

1/2 colher de sopa de camarões secos*

1/2 colher de chá de açúcar

1/4 de colher de chá de óleo de gergelim misturado a 1 pitada de sal e pimenta

*disponíveis em lojas de produtos orientais

1. Corte o tofu em cubos. Pique os camarões secos em pedaços pequenos. Misture os últimos três ingredientes e reserve.

2. Arrume o tofu, salpique com a cebolinha verde, os camarões e os picles. Regue com o molho.

TOFU À CHINESA (II)   176 KCAL   TOFU

Este prato pouco usual pode ser servido como um prato principal vegetariano.

INGREDIENTES

3 A 4 PORÇÕES

450g de tofu bem escorrido
1 colher de sopa de picles chineses, bem picados
1/2 colher de sopa de raiz de gengibre ralada
2 colheres de sopa de cebolinha verde, cortada bem fina

MOLHO AGRIDOCE

3 colheres de sopa de vinagre de arroz, 3 1/2 colheres de sopa de água, 1/4 de colher de chá de sal, 1/2 colher de sopa de óleo de gergelim*, 1 colher de chá de sumo de limão, 1/4 de xícara de açúcar, 2 colheres de sopa de ketchup, 1 colher de sopa de molho inglês tipo worcestershire, 1 colher de sopa de amido de milho ou maisena

1. Misture todos os ingredientes do molho, com exceção do sumo de limão e leve ao fogo até que os sabores se misturem. Retire do fogo.

2. Arrume o tofu no prato de servir, espalhe por cima o picles picado, o gengibre e a cebolinha. Regue com o sumo de limão e o molho agridoce e sirva.

HAMBÚRGER DE TOFU

198 KCAL

Carne moída e tofu são adições bem-vindas a esse prato principal altamente nutritivo.

INGREDIENTES

4 PORÇÕES

150g de tofu, bem escorrido (veja pág. 19)
225g de carne moída
3 colheres de sopa de cebolinha picada
1 colher de sopa de gengibre picado bem fino
1 dente de alho amassado
1 colher de sopa de sementes de gergelim torradas
1 colher de sopa de molho de soja
1/2 colher de chá de sal
1 pitada de pimenta
1/4 de xícara de farinha de trigo
1 colher de sopa de óleo

CARNE

1. Escorra a água do tofu. Amasse-o com um garfo e misture-o à carne moída.

2. Junte a cebolinha picada, o gengibre e o alho amassado.

3. Tempere com o molho de soja, o sal e a pimenta: misture bem.

4. Adicione as sementes de gergelim. Divida a mistura em quatro partes e molde um hambúrguer com cada uma delas.

5. Passe cada hambúrguer pela farinha de trigo.

6. Aqueça o óleo numa frigideira e frite cada hambúrguer até que esteja dourado de ambos os lados.

TOFU COM MOLHO DE CARNE — 228 KCAL

CARNE

Fácil de preparar, este prato de tofu é perfeito para quem quer uma refeição rápida. As sementes de gergelim torradas e uma pitada de pimenta vermelha enriquecem o sabor do molho de carne.

INGREDIENTES

4 A 6 PORÇÕES

300g de tofu bem escorrido
225g de carne moída
1 maço de cebolinha verde
1/4 de colher de chá de pimenta vermelha moída (opcional)
1 colher de sopa de molho de soja
1/2 colher de chá de açúcar
1 colher de sopa de sementes de gergelim torradas
1 colher de sopa de amido de milho ou maisena, dissolvidas em 3 colheres de sopa de água

MOLHO MARINADO

1 colher de sopa de molho de soja
1 colher de sopa de cebolinha verde
1 dente de alho em fatias finas
1 1/2 colheres de sopa de óleo de gergelim
1 pitada de pimenta
Misture todos os ingredientes, exceto a cebolinha picada.

CARNE

1. Corte o tofu em fatias de aproximadamente 1,5cm de espessura.

2. Corte o maço de cebolinha em pedaços de aproximadamente 4cm de comprimento e então corte-os em tirinhas.

3. Aqueça o óleo em uma frigideira e frite o tofu até que ambos os lados estejam dourados. Reserve, mantendo-o aquecido.

4. Tempere a carne moída com o molho marinado já preparado. Adicione a cebolinha picada

5. Leve a carne moída ao fogo e frite-a até que doure. Adicione o molho de soja, a pimenta vermelha, o açúcar e o gergelim. Acrescente o amido de milho dissolvido e mexa até que o molho esteja bem quente. Arrume o tofu no prato de servir, distribua o molho de carne sobre as fatias e arrume por cima a cebolinha em tiras. Polvilhe com pimenta vermelha.

VARIAÇÃO
Tofu com molho agridoce
Siga os passos 1, 2 e 3. Omita a marinada.
Misture os ingredientes para o molho:

3/4 de xícara de caldo de carne
1/4 de colher de chá de sal
2 colheres de sopa de açúcar
1 colher de sopa de molho de soja
2 colheres de sopa de vinagre de arroz
1 1/2 colheres de sopa de saquê* ou vinho branco
1/8 de colher de sopa de óleo de gergelim
1 pitada de pimenta

Misture todos os ingredientes e leve ao fogo até que o açúcar se dissolva no caldo de carne. Aqueça 2 colheres de sopa de óleo na frigideira; frite a carne até dourar. Adicione o molho agridoce e deixe ferver. Junte o tofu, a maisena dissolvida e mexa até que engrosse. Retire do fogo, guarneça com a cebolinha verde picada e sirva.

*disponível em lojas de produtos orientais.

BOLO DE CARNE E TOFU

373 KCAL

CARNE

Este bolo de carne é excelente para ser servido como petisco.

INGREDIENTES

6 PORÇÕES

600g de tofu
3 1/2 colheres de sopa de farinha de trigo
2 ovos
450g de carne moída
1 cebola pequena, em fatias finíssimas
2 fatias de pão de forma integral
2 colheres de sopa de leite
2 colheres de sopa de salsinha picada
3 colheres de sopa de ervilha em lata
2/3 de colher de chá de sal
1/4 de colher de chá de pimenta
1/4 de colher de chá de noz-moscada ralada

CARNE

1. Esmigalhe as fatias de pão e umedeça-as com o leite.

2. Bata o tofu com um batedor manual; adicione 1 1/2 colheres de sopa de farinha de trigo e 1/2 colher de chá de sal.

3. Bata a clara de 1 ovo em neve.

4. Junte-a ao tofu e misture bem.

5. Adicione 1 colher de sopa de ervilhas.

6. Misture a carne moída, a cebola, a salsinha, o ovo e a gema restantes, as migalhas de pão, o restante das ervilhas e tempere com a noz moscada, sal e pimenta.

7. Unte com óleo e polvilhe com farinha o fundo de uma forma retangular. Espalhe nela metade da mistura de carne e polvilhe a carne com metade da farinha.

8. Espalhe toda a mistura de tofu por cima, polvilhe com a farinha restante e cubra como a outra parte da mistura de carne. Leve para assar sem cobrir em forno alto por 35 a 45 minutos ou até que inserindo um palito no centro, este saia limpo. Sirva quente, com tomates fatiados ou batatas assadas (página 76).

CARNE

TOFU RECHEADO

243 KCAL

O tofu prensado tem uma textura mais firme. Adicione o recheio de carne moída e frite.

INGREDIENTES

4 PORÇÕES

600 a 750g de tofu prensado (tipo momen), 110g de carne de boi ou porco moída, 2 colheres de sopa de cebolinha verde picada, 1/2 colher de chá de gengibre ralado, 1/2 xícara de amido de milho ou maisena, 1 colher de chá de açúcar, 2 colheres de chá de molho de soja, 2 colheres de sopa de saquê* ou vinho branco e óleo para fritar

MOLHO PARA ACOMPANHAR

3/4 de xícara de caldo de carne
2 colheres de sopa de molho de soja
2 colheres de sopa de mirin*, saquê* ou vinho branco
1 colher de chá de sal
1 colher de sopa de amido de milho ou maisena
Misture os ingredientes e leve ao fogo até que fiquem bem quentes.

*disponíveis em lojas de produtos orientais

CARNE

1. Corte o tofu em triângulos, como mostra a foto.

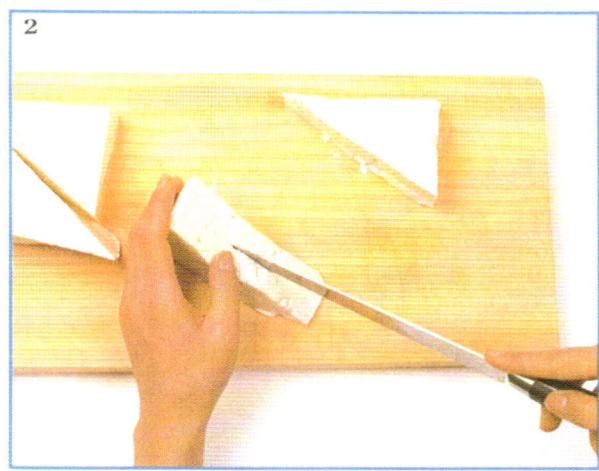

2. Faça uma abertura no meio de cada pedaço, como ilustrado acima.

3. Frite a carne moída com a cebolinha e o gengibre. Adicione os 4 últimos ingredientes.

4. Recheie a abertura de cada triângulo de tofu com 1 colher de sopa de carne.

5. Passe o tofu pelo amido de milho.

6. Aqueça o óleo (em altura de 2 a 4cm) numa frigideira ou panela wok. Frite o tofu por 3 ou 4 minutos ou até que doure levemente. Escorra e sirva com o molho.

SUKIYAKI DE CARNE

441 KCAL

O Sukiyaki é um prato tradicional japonês. Todos os ingredientes devem ser providenciados com antecedência. Cozinhe à mesa e sirva na própria panela, acompanhado de arroz. Cozinhe a carne e os vegetais até que fiquem ao ponto.

INGREDIENTES

4 A 6 PORÇÕES

600g de tofu, 680g de carne de primeira (filé, alcatra ou lagarto) sem osso, 1 maço de cebolinha verde ou salsão cortado em pedaços de 5cm de comprimento, 1 cebola grande cortada ao meio e em fatias de 2cm de espessura, 680g de brócolis cozido, 4 folhas grandes de acelga ou repolho chinês, 6 ovos (opcional)

CALDO DE COZIMENTO DO SUKIYAKI:
1/2 xícara de molho de soja
1/4 de xícara de mirin*, vinho branco ou sherry
1 colher de sopa de açúcar
Misture todos os ingredientes e reserve.
Corte a carne em fatias bem finas. Para facilitar o corte, congele-a parcialmente por 1 h30 ou peça ao seu açougueiro que corte.
*disponível em lojas de produtos orientais.

CARNE

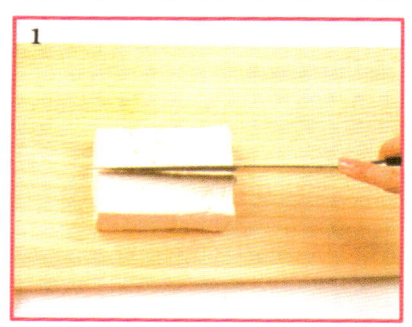

1. Corte o tofu ao meio no sentido do comprimento.

2. Divida os pedaços ao meio novamente.

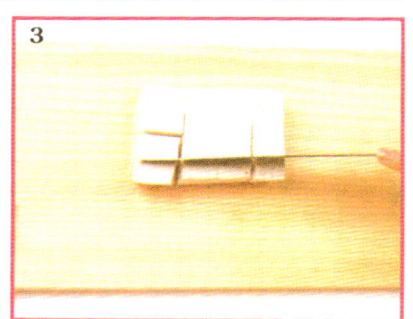

3. Corte o tofu em pedaços menores de aproximadamente 1cm.

4. Divida-os pela metade.

5. Corte a cebola ao meio e fatie, com 2cm de espessura.

6. Corte o brócolis na diagonal.

7. Corte a acelga ao meio pelo sentido do comprimento.

8. Fatie em pedaços de 4cm de largura.

9. Aqueça o óleo na panela até que esteja bem quente. Frite a carne levemente.

10. Arrume as fatias de carne na lateral da panela: arrume porções de cada vegetal separadamente e adicione todo o caldo de cozimento. Junte o tofu. Se desejar, quebre um ovo cru em cada tigela individual para mergulhar a carne e os legumes depois de cozidos.

CARNE

TOFU À MODA CHINESA COM MOLHO DE PIMENTA VERMELHA

Um dos pratos mais populares de tofu, com uma pitada de pimenta chilli.

INGREDIENTES

4 PORÇÕES

600g de tofu cortados em cubos de 2cm de largura, 225g de carne de boi ou de porco moída, 1/2 xícara de cebolinha verde picada, 1 colher de sopa de gengibre fatiado, 1 dente de alho em fatias, 1 pimenta vermelha seca amassada ou 1/2 colher de chá de pimenta vermelha moída, 1 colher de sopa de óleo, 2 colheres de sopa de ketchup, 2 colheres de sopa de molho de soja, 2 colheres de sopa de vinho para cozinhar, 1/2 xícara de caldo de carne ou água, 1 colher de sopa de amido de milho ou maisena dissolvida em 1/4 de xícara de água, 3 colheres de sopa de ervilhas em lata escorridas

441 KCAL   **CARNE**

1. Corte o tofu em cubos e mergulhe em água quente por 30 segundos; escorra bem.

2. Coloque o tofu numa bandeja de bambu coberta por papel absorvente. É um método rápido para retirar o excesso de água do tofu.

3. Numa frigideira, aqueça o óleo em fogo alto; adicione o gengibre, a cebolinha verde, o alho e a pimenta vermelha. Misture bem.

4. Junte a carne moída e frite. Adicione 1/2 colher de sopa de molho de soja e diminua o fogo. Adicione o ketchup, o molho de soja restante, o vinho e o caldo de carne. Deixe ferver. Adicione o amido de milho e misture bem.

5. Junte o tofu e mexa delicadamente. Coloque as ervilhas.

VARIAÇÃO: TOFU PICANTE AO CURRY

Omita o ketchup da receita original. Em seu lugar, adicione ao cozimento 1/2 colher de chá de curry em pó e uma pitada de pimenta vermelha chinesa ou pimenta japonesa (San-shyo*) ou pimenta chilli. Proceda na receita como indicado no passo-a-passo.
*disponível em lojas de produtos orientais.

CARNE

CARNE DE PORCO SAUTÉE

337 KCAL

Um prato à moda chinesa com carne de porco.

INGREDIENTES

4 PORÇÕES

600g de tofu prensado e bem escorrido, 2 cogumelos shiitake secos hidratados e água ou 60g de shiitakes frescos, cortados em fatias finas, 1 lata de broto de bambu, 2 pimentões verdes, 2 ramos de cebolinhas verdes, 1 pimenta vermelha amassada, 1 dente de alho fatiado, 2 colheres de sopa de gengibre ralado ou 1/2 colher de chá de gengibre em pó, 225g de lombo de porco fatiado, 2 colheres de sopa de saquê ou vinho branco, 1/2 colher de sopa de misso, 2 1/2 colheres de sopa de molho de soja, 1 colher de chá de açúcar, 3 colheres de sopa de óleo

CARNE

1. Corte as cebolinhas em pedaços de 5cm de comprimento

2. Fatie o gengibre e o alho. Corte os pimentões ao meio e fatie. Fatie os cogumelos e o broto de bambu.

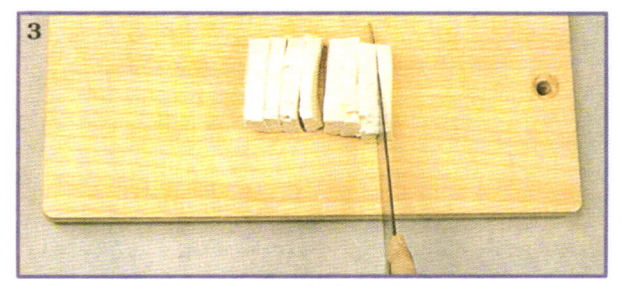

3. Corte o tofu em fatias de 2cm de espessura.

4. Aqueça em fogo médio 1 colher de sopa de óleo numa frigideira ou wok. Frite o tofu de ambos os lados até que fique levemente dourado. Adicione mais óleo se necessário. Reserve.

5. Coloque o óleo restante numa frigideira e adicione o cogumelo, o broto de bambu, as cebolinhas, o pimentão, a pimenta vermelha, o alho e o gengibre. Frite, em fogo médio, mexendo sempre.

6. Misture 1 colher de chá de saquê e 1 colher de chá de molho de soja à carne de porco. Deixe descansar por 5 minutos e só então adicione a mistura de vegetais. Frite até que a carne esteja dourada de todos os lados.

7. Misture bem 1/2 colher de sopa de misso, 2 1/2 colheres de sopa de molho de soja, 1 colher de chá de açúcar e 1 colher de sopa de saquê. Junte esta mistura à carne de porco.

8. Adicione o tofu e mexa delicadamente. Deixe que o tofu esquente e sirva.

CARNE

FRANGO ORIENTAL

300 KCAL

Esse frango fácil e saboroso vai se tornar o favorito de todos.

INGREDIENTES

4 PORÇÕES

300g de tofu escorrido cortado em cubos de 2,5 cm, 340g de peito de frango, 3 pimentões verdes, 3 cogumelos shiitake secos hidratados em água morna, 1 lata de broto de bambu, 2 ramos de cebolinha verde, 1 dente de alho, 2 colheres de sopa de amido de milho ou maisena, 1 colher de chá de sal, amido de milho ou maisena para polvilhar, 1 colher de sopa de saquê ou vinho branco, 1/2 colher de chá de açúcar e óleo para fritar

MARINADA PARA O FRANGO

1 colher de chá de saquê ou vinho branco

1 colher de chá de suco de gengibre

2 claras de ovo batidas

CARNE

1. Retire os ossos dos peitos de frango e corte-os em pedaços de 4cm.

2. Misture o frango, as claras de ovo, o suco de gengibre e o saquê. Refrigere por 30 minutos.

3. Passe os pedaços de frango pelo amido de milho.

4. Aqueça o óleo em uma frigideira, em fogo alto. Frite os pedaços de frango até que estejam bem dourados. Retire-os do óleo e deixe escorrendo em papel absorvente. Reserve.

5. Fatie os cogumelos, o broto de bambu e os pimentões. Corte a cebolinha verde em pedaços de 4 cm de comprimento e fatie o alho. Aqueça o óleo em uma frigideira, junte os vegetais e o alho e frite por cerca de 1 minuto. Adicione o frango reservado e frite em fogo médio. Junte o tofu, mexendo cuidadosamente.

6. Misture 2 colheres de sopa de maisena, 1 colher de sopa de saquê e 1/2 colher de chá de açúcar. Junte essa mistura ao frango. Deixe cozinhar, mexendo até que engrosse por aproximadamente 3 minutos.

CARNE

PRESUNTO AGRIDOCE COM ABACAXI

O molho agridoce acrescenta um novo sabor a este prato à base de presunto.

INGREDIENTES

4 PORÇÕES

300g de tofu, cortado em cubos de 1cm, 1/2 xícara de presunto em cubos, 1 lata média de broto de bambu, 2 cogumelos chineses secos hidratados em água até que fiquem macios, 1 cebola média, 1 pimentão verde, 2 fatias de abacaxi ou 2/3 de xícara de abacaxi em calda picado (reserve a calda), 1 dente de alho e 3 colheres de sopa de óleo

MOLHO AGRIDOCE
1 colher de sopa de ketchup, 1/4 de xícara de açúcar, 2 colheres de sopa de molho de soja, 1/2 colher de chá de sal, 1/2 xícara de água ou de calda de abacaxi, 3 colheres de sopa de vinagre de arroz, 1 colher de sopa de amido de milho ou maisena dissolvida em 1/4 de xícara de água

226 KCAL — CARNE

1. Corte o broto de bambu ao meio pelo sentido do comprimento e fatie fino.

2. Fatie o alho, os cogumelos e a cebola. Corte o tofu em cubos.

3. Corte o pimentão em fatias largas e cada fatia de abacaxi em 8 pedaços.

4. Aqueça o óleo e junte o alho, a cebola, os cogumelos; frite por cerca de 2 minutos em fogo alto. Despeje por cima o molho agridoce.

5. Adicione o tofu e o presunto à mistura; mexa e deixe cozinhar até que engrosse.

FRUTOS DO MAR

CARANGUEJO COM TOFU

252 KCAL

Um prato que pode ser preparado em apenas 15 minutos.

INGREDIENTES

4 PORÇÕES

600g de tofu
1 lata de carne de caranguejo escorrida e sem casca
1/4 de xícara de ervilhas em vagem cozidas
1/2 colher de sopa de gengibre ralado
4 colheres de sopa de saquê ou vinho branco
1 colher de sopa de manteiga ou margarina
1/2 colher de chá de sal
1 colher de chá de açúcar
2/3 de xícara de caldo de peixe
2/3 de colher de sopa de amido de milho ou maisena
uma pitada de pimenta

FRUTOS DO MAR

1. Corte o tofu ao meio pelo sentido do comprimento.

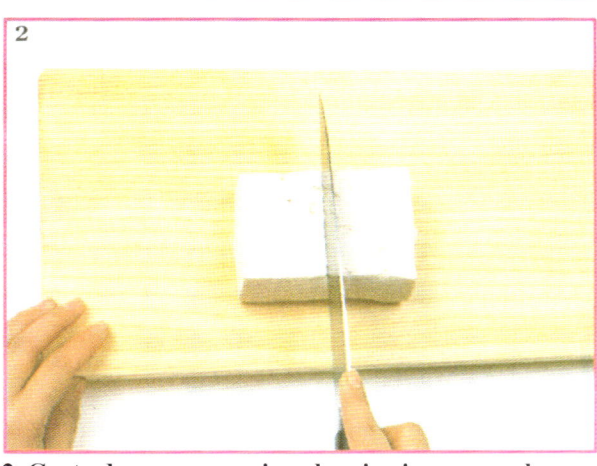

2. Corte de novo ao meio e depois pique em cubos.

3. Deixe o tofu de molho em água quente por 30 segundos. Escorra bem e reserve

4. Rale o gengibre (o gengibre fresco ralado pode ser substituído por 1/8 de colher de chá de gengibre em pó). Misture o caranguejo e o gengibre. Derreta a manteiga ou margarina numa frigideira, adicione o caranguejo e frite em fogo médio. Misture o sal e açúcar e adicione o caldo, o amido de milho, o saquê e a pitada de pimenta. Despeje essa mistura sobre o caranguejo e cozinhe mexendo até que engrosse.

5. Adicione o tofu e as ervilhas e deixe no fogo até que estejam bem quentes.

VIEIRAS COM TOFU

311 KCAL

FRUTOS DO MAR

Camarões, caranguejo ou ostras podem ser bons substitutos para as vieiras.

2 A 3 PORÇÕES

300g de tofu escorrido
360g de vieiras (frescas ou congeladas)
3 cebolinhas verdes ou echalotes
1 colher de sopa de sal
2 colheres de sopa de vinho branco
2 colheres de sopa de leite
1 colher de sopa de óleo de gergelim
1 colher de sopa de amido de milho ou maisena dissolvida em 1 colher de sopa de água
1 colher de chá de gengibre fatiado ou 1/3 de colher de chá de gengibre em pó
1 colher de sopa de manteiga ou margarina
1 xícara de água

INGREDIENTES

FRUTOS DO MAR

1. Corte o tofu em fatias de 1cm de espessura e escorra.

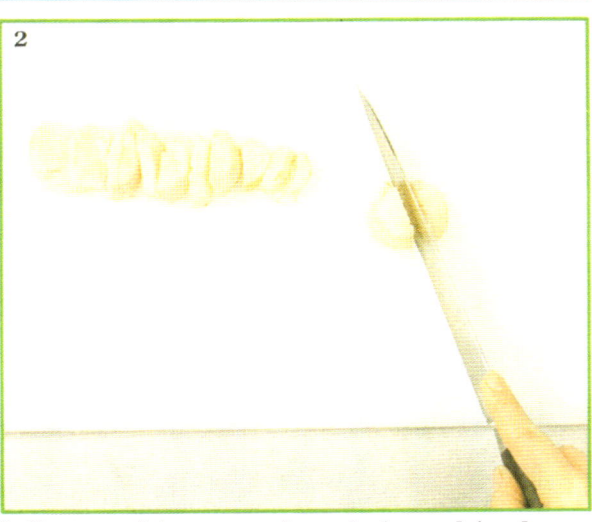

2. Corte as vieiras em pedaços de 1cm e deixe de molho em 1 colher de sopa de vinho.

3. Fatie o gengibre bem fino.

4. Corte as cebolinhas em pedaços de 4cm e de novo ao meio.

5. Aqueça 1 colher de sopa de óleo de gergelim numa frigideira; adicione o gengibre e as vieiras, frite por cerca de 1 ou 2 minutos; junte 1 xícara de água, 1 colher de sopa de sal, 1 colher de sopa de vinho e 2 colheres de sopa de leite. Deixe ferver, reduza o fogo e cozinhe mexendo por cerca de 5 minutos ou até que as vieiras estejam macias. Junte o tofu e mexa cuidadosamente. Deixe ferver e só então adicione o amido de milho ou maisena, mexendo sempre até que engrosse e fique borbulhante. Retire do fogo e adicione 1 colher de sopa de manteiga sobre as vieiras.

CAMARÃO SECO COM ESPINAFRE — 258 KCAL

Um prato frio de espinafre com um leve sabor oriental.

INGREDIENTES

2 A 3 PORÇÕES

300g de tofu escorrido (pág 19), 225g de espinafre fresco ou 150g de espinafre congelado, 1/2 xícara de camarões secos deixados de molho em água até que fiquem macios

MOLHO
2 colheres de sopa de molho de soja, 1 colher de sopa de açúcar, 1 colher de sopa de óleo de gergelim, 1/8 de colher de chá de sal

Misture todos os ingredientes.

1. Escorra a água do tofu por cerca de 30 minutos. Veja na pág. 19 outros métodos para escorrer o tofu.

2. Amasse o tofu com um garfo e coloque-o numa frigideira em fogo médio por 4 ou 5 minutos, mexendo constantemente até que o tofu se quebre em pedaços bem pequenos. Cozinhe o espinafre até que fique macio e corte em pedaços de 4cm de comprimento. Divida-o em tigelas individuais e polvilhe com os camarões secos. Arrume o tofu por cima do espinafre e sirva acompanhado do molho.

CAMARÃO COM TOFU — FRUTOS DO MAR

309 KCAL

Você pode usar camarões frescos ou enlatados nesse prato. Legumes cozidos e uma tigela de arroz no vapor (pág. 65) são bons complementos.

2 A 3 PORÇÕES

300g de tofu escorrido, 225g de camarões pequenos limpos ou 1 lata de camarões, 1/2 xícara de ervilhas cozidas, 3 cebolinhas verdes, 1 colher de chá de gengibre ralado, 1 xícara de caldo de galinha, 3 colheres de sopa de óleo, 1 colher de chá de óleo de gergelim, 1 colher de sopa de amido de milho ou maisena dissolvida em 1/4 de xícara de água, 1 colher de chá de vinho branco seco, 1/4 de colher de chá de sal e 1 pitada de pimenta

Corte o tofu ao meio e depois em fatias de 0,5 cm de espessura. Corte duas cebolinhas verdes em pedaços de 3cm e depois divida-os ao meio pelo comprimento. Corte a cebolinha restante em rodelas largas. Aqueça 1 colher de sopa de óleo numa frigideira em fogo médio; junte o tofu e frite com cuidado até que doure de ambos os lados. Reserve. Coloque 2 colheres de sopa de óleo na frigideira e frite o gengibre, a cebolinha em rodelas e os camarões em fogo médio.

Junte 1 colher de sopa de vinho, uma xícara de caldo de galinha e tempere com sal e pimenta; deixe ferver. Adicione o amido de milho ou maisena e mexa até que engrosse. Junte o tofu, as fatias finas de cebolinha verde e o óleo de gergelim; diminua o fogo e deixe cozinhar por cerca de 2 minutos. Retire do fogo e sirva quente.

FRUTOS DO MAR

TOFU COM SALMÃO EM LATA 256 KCAL

Nas ocasiões festivas, você pode servi-lo como um aperitivo quente.

INGREDIENTES

4 A 6 PORÇÕES

600g de tofu bem escorrido
225g de salmão em lata, escorrido e amassado com um garfo
2 claras de ovo
2 colheres de sopa de amido de milho ou maisena
1/2 colher de sopa de açúcar
1 colher de chá de sal
1/8 de colher de chá de pimenta
1/4 de xícara de cebolinha verde picada
óleo para fritar
Acompanhamentos:
fatias de limão
sementes de gergelim torradas

FRUTOS DO MAR

1. Escorra bem o tofu.

2. Esmigalhe o tofu com um garfo ou batedeira elétrica, até que ele fique em pedaços bem pequenos.

3. Bata as claras em neve e adicione-as ao tofu.

4. Junte o amido de milho ou maisena, sal, pimenta e açúcar; misture bem. Adicione o salmão e as cebolinhas.

5. Aqueça o óleo em fogo alto. Assim que estiver bem quente, coloque colheradas da massa de tofu e salmão para que frite. Frite poucas colheradas de cada vez, até que estejam bem douradas, sempre virando, por cerca de 5 minutos. Rende cerca de 2 dúzias. Deixe que escorram o excesso de óleo em papel absorvente. Sirva quente, acompanhadas de condimentos diversos (mostarda, daikon ralado, molho agridoce ou outros), fatias de limão e sementes de gergelim torradas.

FRUTOS DO MAR

TOFU COM OSTRAS

209 KCAL

Sugestão de cardápio: comece servindo Sopa de Wonton com Leite de Soja (pág.91); salada de legumes e Sobremesa de Morangos (pág. 101).

INGREDIENTES

4 PORÇÕES

600g de tofu bem escorrido

300g de ostras frescas pequenas escorridas

1 ovo

1 colher de sopa de cebolinha verde ou echalote picada

1 colher de sopa de amido de milho ou maisena

2/3 de colher de sopa de sal

Pimenta branca, sumo de limão e ketchup a gosto

FRUTOS DO MAR

1. Escorra bem a água do tofu e amasse-o com um garfo ou espremedor de batatas.

2. Adicione o ovo ao tofu e misture bem; junte o amido de milho ou maisena e tempere com sal.

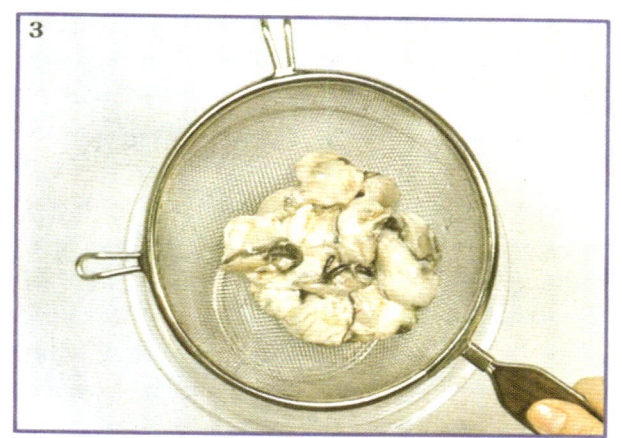

3. Lave bem as ostras e escorra numa peneira. O caldo restante pode ser utilizado em outras receitas.

4. Misture as ostras ao tofu; acrescente as cebolinhas picadas.

5. Aqueça o óleo numa panela wok em fogo alto. Deixe cair colheradas da massa de tofu no óleo quente e frite, por cerca de 2 ou 3 minutos, até que estejam douradas de ambos os lados. Escorra o excesso de óleo em papel absorvente.

A PANELA WOK

Uma panela wok tem muitas vantagens para frituras, refogados e sautées. Sua superfície extensa faz com que a comida esteja sempre em movimento; seu fundo arredondado permite economia de óleo na fritura e suas paredes altas e inclinadas protegem dos respingos de óleo quente. Para dar maior estabilidade à panela, use um anel adaptador em fogões com a boca maior. Uma wok recém-comprada tem de receber cuidados especiais antes de ser utilizada pela primeira vez. Primeiro encha 3/4 dela com água e leve ao fogo baixo até que a água fique morna. Coloque detergente e escove com uma escova de limpeza. Repita o processo. Lave com água morna e seque. Corte uma cebola em pedaços grandes. Aqueça 2 colheres de sopa de óleo na wok em fogo alto. Junte a cebola em pedaços e frite, girando a panela para que o óleo cubra toda a superfície interna da wok, até que a cebola fique quase queimada. Descarte a cebola e o óleo. Lave a wok com água quente e seque.

FRUTOS DO MAR

SUKIYAKI DE MARISCOS

Um prato fácil e rápido para ocasiões especiais; todos os ingredientes podem ser preparados com antecedência e servidos à mesa.

INGREDIENTES

4 A 6 PORÇÕES

600g de tofu

1,5 kg de mariscos frescos deixados de molho em água salgada

5 folhas grandes de acelga

225g de folhas de espinafre fresco

5 cebolinhas verdes

2 1/2 xícaras de água

4 colheres de sopa de saquê ou vinho branco seco

MOLHO

1 colher de sopa de gengibre ralado

1 colher de sopa de suco de limão

1 colher de sopa de molho de soja

1 colher de sopa do caldo do sukiyaki

1 limão fresco

FRUTOS DO MAR

1. Deixe os mariscos de molho em água salgada por 1 hora ou mais; escove-os com uma escova de cerdas duras para limpá-los. Corte o tofu em cubos.

2. Corte a acelga e o espinafre fresco em pedaços de 4cm de largura. Corte as cebolinhas em pedaços de 4cm de comprimento e de novo ao meio. Rale o gengibre e arrume-o em uma vasilha pequena.

3. Numa cassarola grande, despeje a água e o saquê. Arrume, em áreas separadas, os mariscos, o espinafre, as cebolinhas verdes, a acelga e o tofu. Leve ao fogo baixo sem cobrir até que os vegetais fiquem macios e os mariscos se abram. Sirva acompanhado de molho de soja e do molho de limão. Acompanhe com fatias de limão fresco.

FRUTOS DO MAR

MOLHO DE MARISCOS PARA SPAGHETTI

Um prato sem carne altamente nutritivo e de fácil preparo.

INGREDIENTES

4 A 6 PORÇÕES

300g de tofu escorrido
150g de spaghetti verde ou spaghetti comum
300g de molho de mariscos em lata
1 colher de sopa de farinha de trigo
1/2 xícara de leite
1/2 colher de chá de sal
1/2 colher de chá de pimenta
1 colher de sopa de ketchup
1 colher de sopa de manteiga ou margarina
queijo parmesão ralado a gosto

488 KCAL   **FRUTOS DO MAR**

1. Cozinhe o spaghetti segundo as instruções da embalagem; escorra. Derreta a manteiga numa frigideira.

2. Adicione a farinha e misture bem.

3. Junte o leite, o sal e a pimenta; cozinhe mexendo em fogo baixo até que esteja homôgeneo e borbulhante.

4. Adicione o tofu esmigalhado e mexa bem.

5. Junte o molho de ostras em lata à mistura de tofu. Cozinhe mexendo sempre até que ferva.

6. Derreta a manteiga; junte 1/3 do molho ao spaghetti e deixe esquentar bem. Sirva com o restante do molho de mariscos e polvilhe com o queijo parmesão.

FRUTOS DO MAR

TOFU COM VERMELHO

337 KCAL

Vermelho e tofu trazem à sua mesa um prato muito nutritivo e balanceado. Sirva com arroz.

4 PORÇÕES

300g de tofu escorrido

450g de filés de vermelho (ou bacalhau fresco, pescada ou haddock)

4 cogumelos shitakes grandes secos, reidratados em água*

4 ovos

1/2 xícara de caldo de legumes

1/3 de xícara de saquê ou vinho branco

3 colheres de sopa de mirin*

1/2 colher de chá de açúcar

1 colher de sopa de molho de soja

1/2 colher de chá de sal

2 cebolinhas verdes ou echalotes

*disponíveis em lojas de produtos orientais

FRUTOS DO MAR

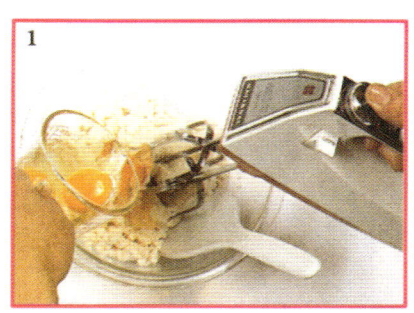

1. Esmague o tofu com os ovos.

2. Bata bem, adicione sal e pimenta e misture.

3. Corte os filés de peixe em pedaços.

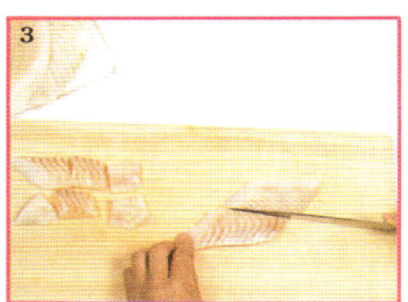

4. Arrume os pedaços de peixe em um refratário retangular; regue-os com 1 colher de sopa de saquê ou vinho branco e deixe descansar por alguns minutos.

5. Corte os cogumelos em tiras. Corte a cebolinha verde em pedaços de 4cm de comprimento e depois ao meio.

6. Numa frigideira junte o saquê, o caldo, o mirin, o açúcar e o molho de soja. Leve ao fogo e deixe ferver.

7. Adicione os cogumelos e deixe cozinhar por 1 minuto.

8. Junte os pedaços de filé de peixe e deixe cozinhar sem tampa até que o peixe fique branco.

9. Despeje a mistura de tofu e ovo sobre o peixe.

10. Espalhe as cebolinhas verdes por cima, tampe e deixe cozinhar em fogo médio por cerca de 5 minutos, até que a mistura de tofu endureça.

VEGETAIS

TOFU CHOP-SUEY

227 KCAL

Esse prato vegetariano pode ser servido como prato principal a qualquer hora: rico em proteínas e com poucas calorias.

INGREDIENTES

4 A 5 PORÇÕES

300g de tofu escorrido, 1 cebola, 3/4 de 1 repolho médio, 1 1/2 xícara de brócolis, 2 aipos cortados em fatias diagonais, 4 cogumelos shiitake em fatias finas, 225g de brotos de feijão, 130g de castanhas-de-caju bem picadas, 1 dente de alho picado, 1 ovo cozido, 4 colheres de sopa de óleo, 1 xícara de caldo de galinha, 1/2 colher de chá de sal, 1 colher de chá de açúcar, 1 colher de chá de vinagre da arroz, 2 colheres de sopa de molho de soja, 1 1/2 colheres de sopa de maisena, dissolvida em 1 1/2 colheres de sopa de água e 1/4 de xícara de maisena

VEGETAIS

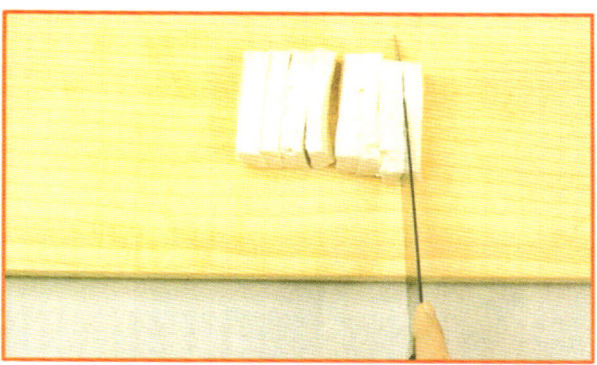

1. Corte o tofu em fatias de 1cm de espessura. Coloque as fatias sobre papel toalha para que escorram o excesso de água. Deixe de molho em 1 colher de sopa de molho de soja por alguns minutos.

2. Corte a cebola ao meio e em fatias de 0,5cm de espessura.

3. Corte o brócolis na diagonal e cozinhe até que esteja macio. Escorra.

4. Passe as fatias de tofu pela maisena.

5. Aqueça 1 colher de sopa de óleo numa frigideira. Frite o tofu de ambos os lados até que fique levemente dourado. Reserve.

6. Aqueça o restante do óleo em fogo médio. Junte o alho e frite até que esteja dourado. Adicione todos os legumes, menos o brócolis e frite até que estejam macios. Misture o caldo de galinha, o sal, o vinagre e o molho de soja. Adicione ao vegetais. Junte o tofu e o brócolis e deixe ferver. Adicione a maisena dissolvida e mexa até engrossar. Retire do fogo e sirva.

VEGETAIS

TOFU COM SELETA DE LEGUMES CONGELADA

Um prato vegetariano de preparo fácil e rápido que é uma ótima fonte de proteínas.

INGREDIENTES

4 PORÇÕES

300g de tofu
450g de seleta de legumes congelada
1 ovo
1 1/2 colheres de sopa de molho de soja
1 1/2 colheres de sopa de açúcar
3 1/2 colheres de sopa de vinho branco ou mirin
2 colheres de sopa de óleo

163 KCAL VEGETAIS

1. Leve 2 xícaras de água ao fogo numa panela para ferver; adicione uma pitada de sal. Coloque o tofu na água fervente sem cortar e leve ao fogo para ferver de novo.

2. Retire-o da panela e deixe que escorra bem. Deixe descansar escorrendo por 30 a 60 minutos, trocando o papel absorvente várias vezes.

3. Cozinhe a seleta de legumes congelada conforme as indicações do pacote; escorra. Aqueça o óleo numa frigideira até que esteja bem quente; adicione os legumes cozidos e o tofu escorrido. Despedace o tofu com uma espátula de madeira até que fique em pedaços pequenos.

4. Misture o molho de soja, o açúcar e o vinho e adicione ao tofu. Misture constantemente até que todo o líquido se evapore.

5. Adicione o ovo batido ao tofu com legumes. Misture bem sob o fogo até que o ovo esteja cozido.

Uma porção de arroz branco cozido ou ao vapor ou macarrão tipo noodles cozido são bons acompanhamentos para muitos pratos orientais. O arroz cozido que sobrar do dia anterior pode ser usado para o arroz frito.

ARROZ COZIDO - 4 a 6 porções
2 xícaras de arroz ainda cru e 2 1/2 xícaras de água
Lave bem o arroz e deixe-o escorrer num escorredor. Numa panela grande com tampa (ou panela elétrica de arroz) misture a água e o arroz e tampe. Cozinhe o arroz em fogo médio até que ferva. Reduza o fogo até o nível mínimo e deixe cozinhar por 20 a 25 minutos, sem destampar ou mexer. Desligue o fogo e deixe que descanse por mais 5 ou 10 minutos, sem destampar. Solte os grãos do arroz com um garfo ou espátula de madeira. Para que o arroz fique mais solto, deixe-o de molho por cerca de 1 hora antes de cozinhar e cozinhe-o nesta mesma água.
(¹) O arroz de grão curto (também chamado de arroz japonês) tem uma textura fofa e grudenta, o que o faz apropriado para ser comido de palitos (ohashi) ou para o preparo do sushi. O arroz de grão longo tem por sua vez uma textura mais seca e um grão mais macio, sendo excelente para o preparo do arroz frito. Os restaurantes chineses geralmente usam este tipo de arroz no preparo de seus pratos.

VEGETAIS

ROLINHOS DE ACELGA RECHEADOS

O repolho chinês ou acelga é muito popular no Oriente. Esse delicioso prato de frango e tofu é um atrativo para os olhos e paladar. Sirva acompanhado de cenouras cozidas e guarnecido de salsinha.

INGREDIENTES

4 A 6 PORÇÕES

300g de tofu escorrido
4 folhas grandes de acelga
110g de peito de frango
1/2 xícara de espinafre picado
1 colher de sobremesa de sal
1 colher de sobremesa de molho de soja
1 colher de sopa de vinho branco
1/2 colher de sopa de amido de milho ou maisena, dissolvida em 1 1/2 xícara de água mais 1 1/2 cubos de caldo de galinha
2 colheres de sopa de mirin
1/8 colher de sopa de sal
uma pitada de pimenta

213 KCAL **VEGETAIS**

1. Amasse o tofu com um espremedor de batatas.

2. Adicione 1 colher de sobremesa de sal e 1 de molho de soja e misture bem.

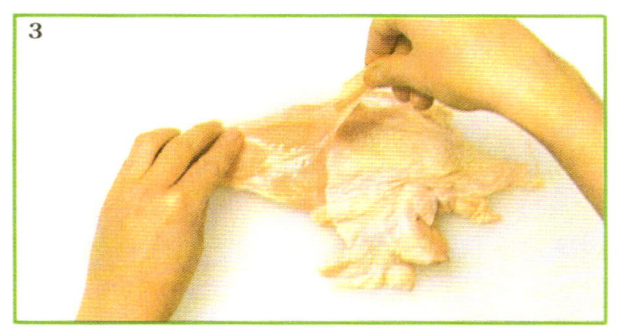

3. Retire a pele e os ossos do peito de frango.

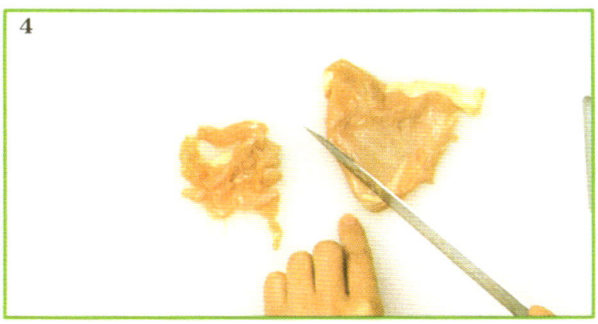

4. Corte-o em pedaços pequenos; regue com 1 colher de sopa de vinho. Deixe descansar por 15 minutos.

5. Misture o frango ao tofu; adicione o espinafre picado.

6. Mergulhe as folhas de acelga em água fervente até que fiquem macias; escorra. Divida a mistura de tofu em 4 partes iguais.

7. Coloque cada uma das porções de tofu numa ponta de cada folha de acelga. Enrole as folhas, deixando a mistura no meio e apertando as pontas para dentro.

8. Arrume os rolinhos de acelga numa panela, com as pontas para baixo. Adicione os 4 últimos ingredientes e leve para ferver. Tampe e deixe cozinhar por aproximadamente 15 min. Adicione a mistura de maisena, misture e deixe cozinhar até que engrosse.

VEGETAIS

QUICHE DE LEGUMES

355 KCAL

O festejado quiche é o prato ideal para um brunch. Adicionando tofu, seu sabor se torna ainda mais rico.

INGREDIENTES

6 PORÇÕES

300g de tofu escorrido
3 ovos
2 1/2 colheres de farinha de trigo
1/4 de xícara de cebola picada
1/2 xícara de cenoura ralada
1/2 xícara de espinafre picado
1 lata de cogumelos em fatias
3 colheres de sopa de aipo picado
1 colher de sopa de vinho branco
2 colheres de sopa de manteiga ou margarina
1 1/2 xícara de queijo cheddar ralado (180g)
1 xícara de half & half
1/4 colher de chá de sal uma pitada de pimenta
1/8 colher de chá de sal de alho

VEGETAIS

1. Deixe que o tofu escorra em papel absorvente por 1 ou 2 horas.

2. Amasse o tofu com um garfo; tempere com sal e pimenta e adicione 2 1/2 colheres de sopa de farinha de trigo.

3. Derreta 2 colheres de sopa de manteiga em uma frigideira em fogo baixo; adicione todos os legumes e cozinhe-os até que estejam macios, mexendo sempre. Retire-os do fogo e deixe que esfriem levemente.

4. Pré-aqueça o forno a 350 graus. Misture 1 xícara de half & half ao tofu e bata até que esteja homogêneo. Bata os ovos e misture ao tofu.

5. Bata a mistura de ovos e tofu até que fique lisa e homogênea.

6. Adicione os legumes cozidos à mistura de tofu e mexa bem, adicione 1 1/2 xícara de queijo cheddar ralado e o sal de alho; misture bem. Unte uma forma ou assadeira com um pouco de óleo e polvilhe com farinha de trigo. Despeje a mistura de tofu e legumes na forma. Asse em forno médio por cerca de 35 a 45 minutos até que inserindo um palito no meio, este saia limpo. Deixe descansar por 10 minutos antes de servir.

VEGETAIS

WONTON DE LEGUMES

287 KCAL

Qualquer combinação de legumes pode ser adaptada a este prato vegetariano de sabor tipicamente chinês.

VARIAÇÃO

INGREDIENTES

4 PORÇÕES

300g de tofu escorrido
450g de massa pronta para wonton*
(aproximadamente 48 unidades)
225g de brotos de feijão
1 xícara de repolho picado
1/4 xícara de cenoura ralada
1 colher de sopa de amido de milho ou maisena
1 colher de sopa de molho de soja
1/4 de colher de chá de açúcar
1 colher de chá de sal
1/2 colher de chá de óleo de gergelim*
1 colher de sopa de óleo

* disponível em lojas de produtos orientais. Um bom substituto para a massa pronta para wonton pode ser a massa pronta para pastel, extrafina e já cortada em quadrados.

VEGETAIS

1. Lave e escorra os brotos de feijão, o repolho e a cenoura ralados.

2. Amasse o tofu em pedaços pequenos. Junte o açúcar, o molho de soja, o sal e o amido de milho; misture bem.

3. Refogue os legumes até que estejam macios; junte o óleo de gergelim, o tofu e misture bem. Deixe que esfrie um pouco.

4. Arrume cerca de 1 colher de chá da mistura de tofu no centro de cada pedaço de massa.

5. Umedeça as bordas da massa com água. Dobre cada pedaço ao meio, formando um triângulo.

6. Dobre as pontas do triângulo em direção ao meio e aperte bem as bordas para que fique bem selado.

7. Aqueça o óleo numa frigideira funda ou panela wok a 360 graus. Frite os wontons até que estejam dourados.

8. Ou então frite-os em uma frigideira ou chapa antiaderente até que estejam dourados de ambos os lados.

VARIAÇÃO

1. Arrume 1 colher de sopa cheia de recheio no centro de cada pedaço de massa para rolinho primavera. Enrole a massa pelo lado mais comprido, arrumando as laterais para dentro.

2. Frite da mesma maneira que os wontons. Veja na pág. 91 a Sopa de Wontons. Sirva com mostarda, ketchup e sementes de gergelim torradas (veja na pág. 84).

VEGETAIS

COGUMELOS AO MOLHO DE OSTRAS 269 KCAL

O sabor do molho de ostras faz deste tofu um prato especial.

2 A 3 PORÇÕES

300g de tofu
1 lata grande de cogumelos em conserva escorridos
1/2 xícara de ervilhas cozidas e escorridas
1 cebolinha verde picada
1 colher de sopa de gengibre ralado
1 colher de sopa de molho de ostra
1 colher de chá de molho de soja
1 colher de sopa de vinho branco seco
1/4 de xícara de caldo de galinha
1 colher de sopa de amido de milho ou maisena, dissolvida em 1/4 de xícara de água
2 colheres de sopa de óleo

1. Corte o tofu em cubos de 2,5cm. Escalde o tofu com água quente e escorra. Frite o gengibre por 1 minuto.

2. Junte o caldo de galinha, o molho de ostra, o tofu e os cogumelos; leve ao fogo até que esteja bem quente.

3. Adicione as ervilhas, o molho de soja, o vinho e uma pitada de pimenta. Junte a maisena dissolvida e misture até o caldo engrossar.

BROTOS DE FEIJÃO COM TOFU

233 KCAL

VEGETAIS

Este prato simples, com muitas proteínas, é excelente para vegetarianos porque pode ser servido em qualquer época do ano.

INGREDIENTES

4 PORÇÕES

300g de tofu escorrido
240g de brotos de feijão
1 cebolinha verde ou salsão
2 ovos
1 colher de sopa de sementes de gergelim*
1 colher de sopa de molho de soja
1/2 colher de chá de sal
4 colheres de sopa de óleo
1 1/2 colher de sopa de castanha-de-caju

* veja pág. 84

1. Corte o tofu em fatias de 0,5cm de espessura. Aqueça o óleo e doure o tofu de ambos os lados.

2. Corte a cebolinha em pedaços de 4cm de comprimento. Junte os brotos de feijão e a cebolinha ao tofu na frigideira, tempere com sal e continue fritando.

3. Coloque os ovos batidos sobre o tofu, junte o molho de soja e cozinhe até que o ovo esteja firme. Polvilhe com as sementes de gergelim e as castanhas-de-caju.

VEGETAIS

FÍGADO ACEBOLADO COM TOFU — 269 KCAL

Este prato tradicional de fígado e cebolas fica muito mais elaborado com a adição do tofu.

INGREDIENTES

4 PORÇÕES

300g de tofu escorrido
225g de fígado de galinha
1/2 dente de alho
1 colher de chá de gengibre ralado
1 cebola
1 colher de sopa de amido de milho ou maisena

MOLHO PARA MARINAR O FÍGADO
1 colher de sopa de molho de soja
1 colher de sopa de vinho branco
Misture os ingredientes e use.

CALDO PARA COZIMENTO
1 colher de chá de sal, 1 colher de chá de açúcar, 1 colher de sopa de molho de soja, 1/4 de colher de chá de óleo de gergelim*, 1/8 de colher de sopa de pimenta chinesa*.
Misture todos os ingredientes e reserve.

* disponível em lojas de produtos orientais.

VEGETAIS

1. Corte o tofu em cubos de 2,5cm. Arrume o tofu sobre toalhas de papel e coloque-o sobre uma esteira de bambu para que escorra.

2. Corte a cebola ao meio e então em oito pedaços. Lave e limpe o fígado, trocando a água várias vezes durante o processo; corte em pedaços pequenos. Deixe marinar no molho por 1 hora ou mais. Aqueça o óleo numa frigideira em fogo médio. Passe os pedaços de fígado pelo amido de milho ou maisena, frite no óleo quente até que estejam dourados de todos os lados. Reserve.

3. Adicione mais óleo à frigideira e leve ao fogo até que esteja bem quente. Frite a cebola até que fique transparente; junte o tofu e misture com cuidado.

4. Junte o fígado e o caldo para cozimento, deixe ferver por 5 minutos até que engrosse um pouco. Sirva quente.

VEGETAIS

BATATAS ASSADAS COM MOLHO DE TOFU — 272 KCAL

Combinada ao molho de tofu, a batata assada se transforma no prato principal.

INGREDIENTES

4 PORÇÕES

300g de tofu bem escorrido
2 batatas inglesas
2 colheres de sopa de suco de limão
1 colher de sopa de manteiga ou margarina
1/4 colher de chá de sal
1/4 colher de chá de pimenta
1 1/2 colher de sopa de queijo parmesão ralado

Coloque todos os ingredientes, com exceção das batatas, em um liquidificador; bata por 30 segundos. Rende cerca de 1 1/2 xícaras. Asse as batatas no forno ou micro-ondas até que estejam macias. Corte ao meio pelo sentido do comprimento; sirva o molho de tofu sobre as batatas assadas e polvilhe com cebolinha picada.

O tofu é uma comida ideal para dietas.

Variação

Sirva o molho de tofu acompanhado de uma variedade de legumes crus cortados.

MOLHO CREMOSO PARA SALADAS

282 KCAL

SALADA

Outro prato rico em proteínas e pobre em calorias. Servido com leite, é perfeito para a hora do almoço.

INGREDIENTES

RENDE CERCA DE 1 1/2 XÍCARAS (300 CC)

300g de tofu escorrido (pág 19)
2 colheres de sopa de suco de limão
4 colheres de sopa de óleo vegetal
1/2 colher de chá de sal
Uma pitada de pimenta branca
1 dente de alho amassado
1 colher de sopa de queijo parmesão ralado
Vegetais sortidos para salada: alface, rabanete, brotos de alfafa, cebolinha verde, couve flor, salsinha

1. Coloque o tofu no liquidificador e bata por alguns segundos. Junte o óleo vegetal e bata por mais alguns segundos. Adicione o suco de limão.

2. Junte o alho amassado, sal e pimenta e o queijo ralado. Bata até que fique homogêneo, por 30 segundos. Sirva gelado.

SALADA

SALADA DE MAÇÃ
177 KCAL

Um aperitivo colorido, rico em proteínas e vitamina C.

INGREDIENTES

4 PORÇÕES

300g de tofu
1 maçã
1 aipo, picado
4 folhas de alface
1/4 xícara de amêndoas sem pele picadas
2 colheres de sopa de suco de limão
2 colheres de sopa de maionese
2 colheres de sopa de half & half
1 colher de sopa de açúcar
1/2 colher de chá de sal
Uma pitada de pimenta branca

Preparo

Corte o tofu em cubos e escorra. Regue com o suco de limão e deixe descansar. Corte a maçã ao meio, retire o talo e as sementes e fatie bem fino; mergulhe em água salgada e escorra. Pique o aipo. Misture a maionese, o half&half, o açúcar, o sal e a pimenta. Junte o aipo e a maçã. Misture bem. Cubra e leve ao refrigerador por cerca de 1 hora. Arrume as folhas de alface numa saladeira e disponha a mistura de maçã, juntamente ao tofu no centro. Polvilhe com as amêndoas picadas.

SALADA DE ABACATE

237 KCAL

SALADA

O contraste de cores faz desse prato uma deliciosa salada de festa.

INGREDIENTES

4 PORÇÕES

150g de tofu
2 abacates
2/3 lata de laranjas ou tangerinas em calda
1/2 lata de creme de leite
2 colheres de sopa de leite

Preparo

Corte o tofu em cubos de 0,5 cm. Cubra e refrigere por 1 hora. Corte os abacates ao meio e retire os caroços. Retire a pele com cuidado. Arrume-os no prato de servir. Misture o creme de leite e o leite, junte os gomos de tangerina e derrame esta mistura sobre o tofu gelado. Monte o arranjo cuidadosamente sobre os abacates e sirva.

SALADA

SALADA DE FRUTAS 125 KCAL

O molho de tofu dá à salada uma textura e um sabor bem diferentes. Também pode ser servido como sobremesa.

INGREDIENTES

4 PORÇÕES

300g de tofu
2 colheres de sopa de suco de limão
1/2 xícara de leite
1 colher de chá de sal
1/8 colheres de sopa de pimenta branca
1 colher de sopa de mel
1/2 colher de chá de essência de baunilha

Preparo

Misture todos os ingredientes no liquidificador; bata até que fique homogêneo, por cerca de 30 segundos. Sirva gelado. Arrume as frutas em tigelas individuais e sirva o molho sobre as frutas: 1 banana em rodelas, 1 xícara de morangos frescos, 2 pêssegos em calda em fatias e 1 xícara de gomos de tangerina.

SALADA DE BROTOS DE FEIJÃO 267 KCAL

SALADA

Tofu gelado e brotos frescos de feijão: o que poderia ser uma combinação melhor para um verão quente, quando você mais precisa de energia?

1 PORÇÃO

300g de tofu escorrido
1 1/2 colheres de sopa de brotos de feijão ou de alfafa

ACOMPANHAMENTOS
daikon (nabo japonês) ralado e cebolinha picada

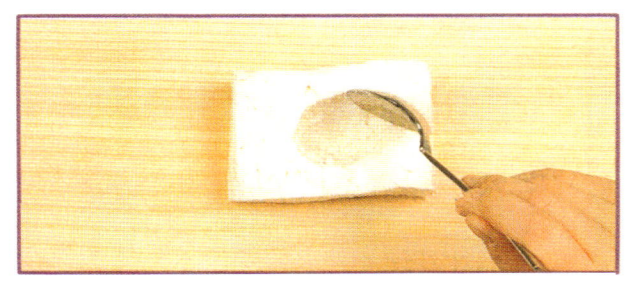

Preparo

Leve o tofu à geladeira por algumas horas. Faça uma cavidade no centro do tofu com uma colher de sopa. Recheie com os brotos de feijão. Sirva com molho de soja e os acompanhamentos de sua preferência.

Variação

Num dia quente de verão, o tofu gelado com legumes frescos é uma refeição refrescante. Qualquer combinação de vegetais vai bem com o tofu. Os condimentos e acompanhamentos ficam a seu gosto: cebolinha picada, gengibre ralado ou fatiado bem fino, raiz forte ralada, nabo japonês (daikon) ralado, sementes de gergelim torradas (veja pág. 84), alga nori picada bem fina e mostarda. Tempere com sal e pimenta.

SALADA

SALADA DE TOFU AO CURRY

272 KCAL

O tofu ao molho curry adiciona um toque picante a uma refeição nutritiva de verão.

INGREDIENTES

4 PORÇÕES

300g de tofu escorrido
1 pimentão verde
1 tomate
2 pepinos japoneses ou abobrinhas

MOLHO PARA A SALADA
2 colheres de sopa de molho curry
1/2 xícara de molho francês (French Dressing)
1 colher de sopa de cebola ralada
1 colher de sopa de ketchup
1/8 de colher de sopa de cominho em pó
Misture todos os ingredientes.

SALADA

1. Corte o tofu em cubos. Mergulhe-o em água quente por 2 ou 3 minutos.

2. Ou então mergulhe o tofu inteiro em água quente por 5 minutos. Embrulhe o tofu com papel absorvente e deixe-o escorrer numa bandeja de bambu. Deixe-o descansar por 1 hora ou pressione levemente com toalhas de papel para que escorra mais rápido. Corte em cubos.

3. Deixe o tofu marinar no molho para salada. Cubra e leve ao refrigerador, misturando de vez em quando, por no mínimo 1 hora. Corte o tomate em rodelas, pique o pimentão e o pepino em pedaços pequenos. Misture ao tofu gelado. Arrume as folhas de alface num vasilhame para saladas e coloque a mistura de tofu no meio.

SALADA DE MARISCOS

149 KCAL

Sementes de gergelim torradas dão a esta salada um bom aroma e uma textura crocante.

4 PORÇÕES

300g de tofu
180g de mariscos em lata, escorridos
2 abobrinhas ou pepinos japoneses
1 cenoura média ralada
1 colher de sopa de sementes de gergelim torradas
1 colher de sopa de maionese
1 colher de sopa de vinagre de arroz*
1/2 colher de chá de sal

* disponível em lojas de produtos orientais

1. Sementes de gergelim torradas têm aroma e sabor ricos. Esquente uma frigideira de ferro fundido ou teflon até que esteja bem quente; coloque as sementes de gergelim e torre sob o fogo, mexendo sempre até que fiquem levemente douradas. Retire do fogo e junte ao tofu escorrido.

2. Junte os três últimos ingredientes ao tofu e bata bem até que esteja homogêneo. Corte as abobrinhas ao meio pelo sentido do comprimento e em fatias finas. Misture o tofu, as abobrinhas e a cenoura. Junte os mariscos.

SALADA DE ATUM

148 KCAL

A salada mundialmente famosa foi transformada num nutritivo prato para o brunch.

INGREDIENTES

4 PORÇÕES

150g de tofu escorrido
1 lata de atum, escorrida
1/2 xícara de aipo ou salsão picado
1/4 xícara de cebola picada
1 1/2 colheres de sopa de maionese
1 colher de chá de suco de limão
1 colher de chá de sal

Preparo

Amasse o tofu com um espremedor de batatas e misture-os aos três últimos ingredientes. Despedace o atum e misture ao tofu. Junte o aipo e a cebola à mistura. Arrume as folhas de alface num vasilhame para saladas e coloque a mistura de tofu e atum no centro. Se desejar, polvilhe com salsinha picada.

CALDO TRANSPARENTE

96 KCAL

SOPA

Uma sopa simples mas substanciosa que pode ser servida a qualquer hora.

4 PORÇÕES DE 1 XÍCARA CADA

300g de tofu

3 1/2 xícaras de caldo de galinha ou 3 cubos de caldo de galinha dissolvidos em 3 1/2 xícaras de água

2 cebolinhas em rodelas finas

2/3 colher de chá de sal

1 colher de sopa de molho de soja

1 colher de sopa de salsinha picada

8 lascas finas de casca de limão ou laranja

1 ovo batido

Preparo

Corte o tofu em cubos. Aqueça o caldo de galinha, o sal e o molho de soja e deixe ferver. Junte o tofu e continue a cozer até que os cubos de tofu comecem a boiar na superfície. Junte a cebolinha picada. Desligue o fogo e adicione o ovo batido. Sirva em tigelas individuais e polvilhe com a salsinha picada e casca de limão.

SOPA DE MISSO

176 KCAL

SOPA

Uma sopa tipicamente japonesa com legumes frescos e o delicioso sabor do misso

INGREDIENTES

4 PORÇÕES DE 1 XÍCARA CADA

150g de tofu

2 1/2 colheres de sopa de misso* (pasta de soja fermentada)

3 xícaras de caldo de galinha ou 3 xícaras de água mais 3 colheres de sopa de caldo de galinha instantâneo

1 cebolinha verde

1/2 xícara de flores de brócolis pequenas

* disponível em lojas de produtos orientais

Preparo

Corte o tofu em cubos. Corte a cebolinha verde em pedaços de 2,5cm de comprimento e de novo ao meio. Separe o brócolis em pedaços pequenos. Aqueça o caldo de galinha em uma panela até que ferva, junte a cebolinha e os pedaços de brócolis em fogo médio. Dissolva o misso em um pouco do caldo da sopa até que fique cremoso e junte à panela. Mexa a sopa com cuidado. Adicione os cubos de tofu e aqueça sem deixar ferver. Sirva em tigelas individuais e adicione uma pitada de pimenta se preferir.

PREPARO

SOPA EM LATA COM TOFU

65 KCAL

A sopa de legumes acrescida de tofu garante uma refeição nutritiva nos dias mais ocupados.

INGREDIENTES

4 PORÇÕES DE 3/4 DE XÍCARA CADA

150g de tofu
1 lata de sopa de legumes
2 colheres de sopa de salsinha picada

Preparo

Prepare a sopa conforme as indicações da embalagem. Corte o tofu em cubos. Adicione à sopa e leve ao fogo para ferver. Sirva em pratos individuais; polvilhe com a salsinha picada. Sirva com torradas.

SOPA DE MACARRÃO INSTANTÂNEO — 192 KCAL

Um dos pratos mais fáceis da culinária japonesa. O tofu de textura sedosa é uma adição bem-vinda à esta sopa.

INGREDIENTES

2 PORÇÕES

300g de tofu
2 pacotes de macarrão instantâneo sabor carne, porco ou galinha
1 cebolinha verde em fatias.

Preparo

Corte o tofu em cubos. Cozinhe o macarrão conforme as indicações da embalagem. Adicione o tofu ao macarrão antes de adicionar o tempero. Misture com cuidado. Adicione o tempero, mexa com cuidado e retire do fogo. Sirva em pratos individuais. Polvilhe com a cebolinha picada. Se preferir, adicione sua carne ou verduras favoritas ao macarrão.

SOPA DE ACELGA

214 KCAL

A acelga fresca é facilmente encontrada na maioria dos supermercados e é fácil de preparar.

INGREDIENTES

6 PORÇÕES DE 1 1/2 DE XÍCARAS CADA

300g de tofu, 1 xícara de presunto picado, 450g de acelga, 2 cogumelos shiitake* secos, hidratados em água até que fiquem macios, 6 xícaras de caldo de carne**, 2 colheres de sopa de molho de soja, 1 colher de chá de sal, 3 colheres de sopa de saquê* ou vinho branco, 1 colher de chá de açúcar, 1 pitada de pimenta (opcional)

*disponíveis em lojas de produtos orientais

** 6 xícaras de água misturados a seis cubos de caldo de galinha podem substituir o caldo de carne. Omita o sal e use apenas 1 colher de sopa de molho de soja.

1. Corte a acelga ao meio e depois em pedaços pequenos. Pique o presunto e corte os cogumelos em quatro.

2. Leve para ferver o caldo junto ao molho de soja, o saquê, o sal e o açúcar. Junte o presunto, a acelga e os cogumelos; cozinhe sem tampar até que a acelga esteja macia. Junte o tofu e deixe ferver. Sirva quente.

SOPA DE WONTON COM LEITE DE SOJA — 232 KCAL

SOPA

Deliciosa, essa sopa agrada a qualquer paladar, mas é perfeita para os vegetarianos e quem se preocupa com a saúde.

INGREDIENTES

4 PORÇÕES DE 1 1/2 DE XÍCARAS CADA

2 xícaras de leite de soja, 2 xícaras de caldo de galinha ou 2 cubos de caldo de galinha dissolvidos em 2 xícaras de água, 1/2 colher de sopa de molho de soja, 1/4 de xícara de sal, 24 pedaços de massa para wonton, 150g de tofu, 1/2 xícara de óleo, 1/2 colher de sopa de amido de milho ou maisena, 3 colheres de sopa de cenoura ralada, 1/2 xícara de repolho fatiado, 1/2 xícara de broto de feijão, 1 colher de sopa de gengibre fatiado fino, 1/2 colher de sopa de molho de soja, 1/8 colher de chá de açúcar, 1/4 colher de chá de sal, 1/4 colher de chá de óleo de gergelim e salsinha picada

VARIAÇÃO

24 pedaços de massa para wonton
110g de carne de porco moída
1 lata de camarões escorridos e picados
1/2 colher de sopa de molho de soja
1/2 colher de chá de sal
1/2 colher de chá de açúcar
1/8 colher de sopa de óleo de gergelim
4 castanhas-de-caju picadas (opcional)

PREPARO

Combine todos os ingredientes, exceto a massa para wonton. Coloque uma colher cheia de recheio no meio de cada disco de massa. Umedeça as bordas com água e feche as laterais. (Veja a página 71 para mais detalhes). Ferva 5 xícaras de água em uma panela e junte os wontons. Deixe ferver, reduza o fogo e deixe cozinhar por 5 minutos. Escorra. Prepare a sopa e junte os wontons. Ou frite os wontons em óleo em uma frigideira até que estejam dourados, por cerca de 3 minutos.

SOPA

CREME DE MILHO COM LEITE DE SOJA — 206 KCAL

Uma rica sopa-creme de milho verde fica diferente só com a adição do leite de soja.

INGREDIENTES

4 PORÇÕES

- 2 xícaras de leite de soja
- 2 xícaras de caldo de galinha
- 1 lata de milho verde
- 1/2 xícara de presunto picado
- 1 colher de chá de sal
- 1 colher de sopa de salsinha picada
- 1 pitada de pimenta

PREPARO

Leve o caldo de galinha para ferver em uma panela. Junte o milho e o presunto e cozinhe mexendo. Junte o leite de soja e deixe ferver. Retire do fogo, tempere com sal e pimenta, polvilhe a salsinha picada e sirva.

SOPA DE PEIXE COM TOFU

342 KCAL

SOPA

Essa sopa substanciosa é o prato principal da refeição. Servida com salada é uma ótima opção para o jantar.

INGREDIENTES

4 PORÇÕES

600g de tofu, 225g de filés de peixe**, 1 pimentão vermelho picado, 2 cogumelos shiitake* secos, hidratados em água até que fiquem macios, 2 cebolinhas verdes, 4 folhas grandes de acelga, 1 colher de chá de gengibre ralado, 2 colheres de sopa de óleo, 1 1/2 colheres de sopa de molho de soja, 1/2 colher de chá de sal, 2 xícaras de leite de soja ou leite de vaca, 1 colher de sopa de amido de milho ou maisena dissolvida em 1 colher de sopa de água, 1 colher de sopa de vinho branco seco, 1/8 colher de chá de óleo de gergelim*

* disponíveis em lojas de produtos orientais
** utilize filés de pescada, anchova, bacalhau fresco, haddock ou vermelho nesta receita.

1. Corte o tofu em fatias grossas. Corte os filés de peixe em pedaços pequenos. Deixe-os marinar numa mistura de vinho e molho de soja. Corte os cogumelos em fatias finas e as cebolinhas em pedaços de 4cm de comprimento e de novo ao meio. Corte o pimentão ao meio, retire as sementes e pique. Aqueça 1 colher de sopa de óleo numa frigideira funda. Junte o gengibre e frite até que esteja dourado. Junte a cebolinha, o pimentão, o cogumelo e os filés de peixe; frite por 2 ou 3 minutos. Junte o leite de soja, o tofu e o sal; cozinhe até que ferva.

2. Junte a maisena dissolvida e o óleo de gergelim. Cozinhe até engrossar.

SOPA DE CARNE DE PORCO

222 KCAL

SOPA

A combinação popular de tofu e carne de porco produz um delicioso prato para o jantar.

INGREDIENTES

4 PORÇÕES

450g de tofu
120g de lombinho de porco
1/2 xícara de broto de bambu picado
1/2 colher de sopa de gengibre em tiras finas
1 cebolinha verde
2 colheres de sopa de óleo
1/2 colher de chá de óleo de gergelim*
3 xícaras de caldo de galinha
1 colher de chá de açúcar
1 colher de sopa de vinho branco ou saquê*
1 colher de sopa de maisena, dissolvida em
2 colheres de sopa de água

* disponível em lojas de produtos orientais

SOPA

1. Corte o tofu ao meio e em fatias grossas. Corte o broto de bambu ao meio e fatie fino. Fatie o gengibre e pique a cebolinha. Retire a gordura da carne de porco e corte em fatias. Para um corte mais fácil da carne, congele-a parcialmente por cerca de 1 hora. Corte a carne de porco em tirinhas.

2. Aqueça o óleo numa frigideira funda. Frite o gengibre e a cebolinha por 1 minuto. Junte a carne de porco e o broto de bambu; cozinhe até que a carne de porco perca a cor. Junte o caldo de galinha, o açúcar, o vinho, o molho de soja e o sal. Deixe ferver.

3. Junte o tofu e deixe ferver em fogo médio por 2 ou 3 minutos. Junte a maisena dissolvida e mexa até que engrosse. Desligue o fogo e junte o óleo de gergelim para dar sabor.

SOPA

COZIDO DE TOFU COM CARNE — 399 KCAL

Carne, tomate e tofu cozidos juntos têm um irresistível sabor internacional. Sirva com pão integral e uma salada acompanhando e terá uma elegante opção de jantar.

INGREDIENTES

4 A 6 PORÇÕES

600g de tofu bem escorrido, 225g de cubos de carne para ensopado, 1 cebola cortada em gomos, 225g de couve de bruxelas, frescas ou congeladas, 1 cenoura média picada, 1 aipo ou salsão picado, 1 dente de alho amassado, 1 lata de tomates sem pele e sem sementes, 1/4 xícara de vinho tinto, 1 colher de chá de molho inglês, 2 xícaras de caldo de carne ou 2 cubos de caldo de carne dissolvidos em 2 xícaras de água, 1 folha de louro, 1 colher de sopa de manteiga ou margarina, 1 colher de sopa de óleo, 1 ramo de salsinha

SOPA

1. Corte o aipo e a cenoura em pedaços pequenos e a cebola em gomos. Corte o tofu ao meio e em cubos.

2. Derreta a manteiga em uma frigideira em fogo baixo. Junte o tofu e frite até que esteja dourado, por 3 a 5 minutos. Retire o tofu.

3. Junte o óleo à frigideira e aqueça em fogo alto. Frite o alho, as cenouras, o aipo e as cebolas até que estejam macios. Retire os legumes e frite a carne até que esteja dourada de todos os lados.

4. Aqueça o caldo de carne, os tomates inteiros com seu líquido e junte as cenouras, o aipo, a cebola e o vinho num rechaud ou panela funda.

5. Junte o tofu e misture bem.

6. Junte a carne, o louro, o molho inglês e tempere com uma pitada de sal e pimenta. Tampe e deixe cozinhar por cerca de 20 minutos ou até que a carne esteja macia. Junte as couves de bruxelas e deixe ferver. Tempere com sal, pimenta e açúcar se desejar. Guarneça com salsinha picada.

SOBREMESA DE BANANA E CEREAL — 338 KCAL

O tofu é um suplemento adicional a este prato rico em proteínas.

2 PORÇÕES

1 xícara de cereal matinal (do tipo granola ou muësli)
1 banana em rodelas
150g de tofu escorrido
1/2 xícara de uva-passa (opcional)
leite e açúcar

Preparo

Corte o tofu em cubos pequenos. Sirva o cereal em tigelas individuais. Arrume as rodelas de banana e o tofu sobre o cereal, polvilhe com as uvas-passas e sirva com leite e açúcar.

PUDIM INSTANTÂNEO

105 KCAL

SOBREMESA

O contraste de cores é uma festa para os olhos. Essa sobremesa de preparo fácil é perfeita para encerrar uma refeição.

INGREDIENTES

4 PORÇÕES

1 pacote de mistura para pudim instantâneo (na foto, sabor pistache)

150g de tofu

Canela para polvilhar

2 colheres de sopa de amêndoas picadas (opcional)

2 xícaras de leite

Preparo

Prepare o pudim de acordo com as instruções da embalagem. Deixe na geladeira por pelo menos 1h. Corte o tofu com cortadores de biscoito e em fatias de 0,5cm de espessura. Arrume o tofu sobre o pudim e polvilhe com canela e fatias de amêndoa.

SOBREMESA

COQUETEL DE FRUTAS COM TOFU — 336 KCAL

Qualquer fruta em conserva pode ser servida com tofu.

INGREDIENTES

4 PORÇÕES

1 lata de salada de frutas
150g de tofu escorrido
1 colher de sopa de geleia de morango

Preparo

Corte o tofu em cubos pequenos e misture com a geleia de morango. Junte à salada de frutas e leve à geladeira por algumas horas.

SOBREMESA DE MORANGOS

428 KCAL

SOBREMESA

Esse creme saboroso e pouco calórico dá textura e sabor memoráveis a sua sobremesa de morango.

INGREDIENTES

4 PORÇÕES

1 caixa de morangos frescos
150g de tofu
2 colheres de sopa de suco de limão
3 colheres de sopa de creme de leite fresco
3 colheres de sopa de açúcar
1/2 colher de chá de essência de baunilha

Preparo

Combine todos os ingredientes, com exceção dos morangos, na vasilha da batedeira e bata por 1 minuto até que esteja homogêneo. Lave os morangos, retire os talos e corte-os ao meio. Arrume os morangos no prato de servir e espalhe o creme de tofu por cima.

SOBREMESA

MILK-SHAKE CREMOSO DE ABACAXI — 327 KCAL

Quem poderia adivinhar que este é um milk-shake de tofu?

INGREDIENTES

2 1/2 XÍCARAS

300g de tofu

1 xícara de abacaxi picado* (ou 4 fatias de abacaxi em calda), 1/2 xícara de suco de abacaxi, 1 banana (opcional), 1/2 xícara de leite gelado ou 1 xícara de gelo picado, 3 gotas de essência de baunilha e 3 colheres de sopa de mel ou açúcar

*bananas ou morangos podem ser bons substitutos para o abacaxi

Preparo

Combine todos os ingredientes em um liquidificador; bata até que esteja homogêneo por 45s. Sirva guarnecido de um pedaço de abacaxi se quiser.

TABELA DE MEDIDAS

Muitos países utilizam hoje o sistema métrico e outros mais os seguirão no futuro.
As tabelas seguintes foram confeccionadas para ajudar você na hora de cozinhar.

Medidas de Líquidos

sistema comum americano	onça	grama	ml.
1/16 copo = 1 colher de sopa	1/2 onça	14g	15ml
1/4 copo = 4 colheres de sopa	2 onças	60g	59ml
1/2 copo = 8 colheres de sopa	4 onças	125g	118ml
1 copo = 16 colheres de sopa	8 onças	225g	236ml
1 3/4 copo	14 onças	400g	414ml
2 copos	16 onças	450g	473ml
3 copos	24 onças	685g	710ml
4 copos	32 onças	900g	946ml

Pontos Gerais de informação
1 onça britânica = 28.5 ml
1 onça americana = 29.5 ml

1 copo japonês = 200 ml
1 copo britânico = 200 ml = 7 onças britânicas
1 copo americano = 240 ml = 8 onças britânicas

Pesos

De gramas para onças	De onças para gramas (*)
1g = 0.035 onça	1/4 onça = 7g
5g = 1/16 onça	1/2 onça = 14g
10g = 1/3 onça	1 onça = 30g
30g = 1 onça	2 onças = 60g
100g = 3 1/3 onças	4 onças = 115g
200g = 7 onças	6 onças = 170g
500g = 18 onças	8 onças = 225g
1000g = 35 onças	16 onças = 450g

gramas x 0.035 = onças
Onças x 28.35 = gramas

(*) Equivalente

Medidas Lineares

De polegadas para cm	De cm para polegadas (*)
1/2 polegada = 1.27 cm	1 cm = 3/8 polegada
1 polegada = 2.54 cm	2 cm = 3/4 polegada
2 polegadas = 5.08 cm	3 cm = 1 1/16 polegada
4 polegadas = 10.16 cm	4 cm = 1 1/2 polegada
5 polegadas = 12.7 cm	5 cm = 2 polegadas
10 polegadas = 25.4 cm	10 cm = 4 polegadas
15 polegadas = 38.1 cm	15 cm = 5 3/4 polegadas
20 polegadas = 50.8 cm	20 cm = 8 polegadas

polegadas x 2.54 = centímetros
centímetros x 0.39 = polegadas

Temperaturas

De graus Fahrenheit (F) para centígrados (C)	De graus centígrados (C) para Fahrenheit (F)
temperatura do congelador: -10 F = 23.3 C	temperatura do congelador: -20 C = -4 F
0 F = 17.7 C	-10 C = 14 F
ponto de congelamento: 32 F = 0 C	ponto de congelamento: 0 C = 32 F
68 F = 20C	10 C = 50 F
100 F = 37.7 C	50 C = 122 F
ponto de fervura: 212 F = 100 C	ponto de fervura: 100 C = 212 F
300 F = 148.8 C	150 C = 302 F
400 F = 204.4 C	200 C = 392 F

Observações
1. O ponto de fervura da água dado é referente ao nível do mar.

2. Fatores de conversão:
C = (F - 32) x 5/9
F = (C x 9/5) + 32

ÍNDICE

B
Batatas assadas com Molho de Tofu _____ 76
Bolo de Carne e Tofu _____ 32
Brotos de Feijão com Tofu _____ 73

C
Caldo Transparente _____ 86
Camarão com Tofu _____ 51
Camarão seco com Espinafre _____ 50
Caranguejo com Tofu _____ 46
Carne de Porco Sautée _____ 40
Cassarola de Queijo _____ 10
Cassarola de Tofu _____ 25
Cogumelos ao Molho de Ostras _____ 72
Coquetel de Frutas com Tofu _____ 100
Cozido de Tofu com Carne _____ 96
Croquetes Festivos de Ovo _____ 20

F
Fígado acebolado com Tofu _____ 74
Frango Oriental _____ 42

H
Hambúrguer de Tofu _____ 28

L
Lasanha _____ 15

M
Milk-shake Cremoso de Abacaxi _____ 102
Molho Cremoso para Saladas _____ 77
Molho de Mariscos para Spaguetti _____ 58

O
Omelete de Tofu _____ 16
Ovos Mexidos _____ 18
Ovo Pochê _____ 17

P
Presunto Agridoce com Abacaxi _____ 44
Pudim Instantâneo _____ 99

Q
Quiche de Legumes _____ 68

R
Rolinhos de Acelga Recheados _____ 66

S
Salada de Abacate _____ 79
Salada de Atum _____ 85
Salada de Brotos de Feijão _____ 81
Salada de Frutas _____ 80
Salada de Maçã _____ 78
Salada de Mariscos _____ 84
Salada de Tofu ao Curry _____ 82
Sanduíche de Queijo Grelhado _____ 12
Sobremesa de Banana e Cereal _____ 98
Sobremesa de Morangos _____ 101
Sopa de Acelga _____ 90
Sopa de Carne de Porco _____ 94
Sopa de Creme de Milho com Leite de Soja _____ 92
Sopa de Macarrão Instantâneo _____ 89
Sopa de Misso _____ 87
Sopa de Peixe com Tofu _____ 93
Sopa de Wonton com Leite de Soja _____ 91
Sopa em Lata com Tofu _____ 88
Sukiyaki de Carne _____ 36
Sukiyaki de Mariscos _____ 56

T
Tempura de Tofu _____ 22
Tofu à Chinesa (I) _____ 26
Tofu à Chinesa (II) _____ 27
Tofu Chop Suey _____ 62
Tofu à Italiana _____ 14
Tofu à Japonesa _____ 24
Tofu à Moda Chinesa com Molho de Pimenta Vermelha _____ 38
Tofu com Molho de Carne _____ 30
Tofu com Ostras _____ 54
Tofu com Salmão em Lata _____ 52
Tofu com Seleta de Legumes Congelada _____ 64
Tofu com Vermelho _____ 60
Tofu Recheado _____ 34
Tofu Teriyaki _____ 23

V
Vieiras com Tofu _____ 48

W
Wonton de Legumes _____ 70